시선, 화술, 몸짓언어, 감정표현을 활용한
비언어적 말하기의 모든 것

감성스피치

SNA연기스피치 김규현 지음

동국대학교 연극영화과를 졸업 후 서울대 대학원 공연예술학과에서 특별전형으로 공부를 했으며, **스피치 경력** 은 현재 SNA연기스피치 대표강사로 소상공인 스타강사와 더불어 금융위원회, 현대백화점, 외국계기업 등 200회 이상의 강연 경험과 대기업, 공무원, 은행 임원 스피치 지도, 영어스피치 대회 및 스피치 대회 100여 명 입상 지도경험 그리고 머니투데이와 RTN에서 방송을 진행하고 있다.

또 배우로서는 상업영화에서 04년도에 "바람의 파이터" 야쿠자(조단역), 15년도에는 영화, "학교반란" 오 형사(조연), 내부자들, 그리고 드라마 등에서 다양한 역할을 했고, 연극은 "장엄한 예식", "사천의 착한 여자" "시련" "벚꽃동산" 등 20여 편에서 주, 조연 역할을 맡았으며 현재도 배우로서 왕성한 활동을 하고 있다.

주요 저서로는 『연기스피치 시리즈』와 『감성스피치』가 있다. 그중, 대화법 – 『마음을 움직이는 대화법』, 『영리한 대화법』, 『감정표현을 통한 처세법』이 있고, 발표법 – 『실전 목소리훈련』, 『실전 면접』, 『실전 스피치』, 『실전 프레젠테이션』이 있으며, 연기 – 『남자 실전연기』, 『여자 실전연기』가 있다.

SNA연기스피치

홈페이지 www.esna.co.kr
블로그 http://blog.naver.com/cello4225
페이스북 https://www.facebook.com/sna4225
이메일 kkhyun1004@hanmail.net

감성스피치 :
시선, 화술, 몸짓언어, 감정표현을 활용한 비언어적 말하기의 모든 것

초판인쇄 2018년 11월 15일
초판발행 2018년 11월 15일

지은이 김규현
펴낸곳 이모션북스
주　소 서울시 중구 퇴계로41길 39, 3층 302호(정암프라자)
등　록 2016년 10월 1일 제571-92-00230호
전　화 010)2204-4518 | 팩스 02)371-0706
이메일 emotion-books@naver.com
홈페이지 www.emotionbooks.co.kr

ISBN 979-11-88145-98-0
값 13,000원

이 도서의 국립중앙도서관 출판예정도서목록(CIP)은 서지정보유통지원시스템 홈페이지(http://seoji.nl.go.kr)와 국가자료공동목록시스템(http://www.nl.go.kr/kolisnet)에서 이용하실 수 있습니다. (CIP제어번호 : CIP2018032415)

이 책은 저작권법으로 보호받는 저작물입니다.
이 책의 내용을 전부 또는 일부를 무단으로 전재하거나 복제할 수 없습니다.
파본이나 잘못된 책은 바꿔드립니다.

시작하며 |

대화나 발표에서 사람의 마음을 움직일 수 있는 최고의 무기는 '감성'이다.

필자가 학교나 기업에서 프레젠테이션 심사위원으로 참여할 때마다 느끼는 것이 있다. 그것은 PPT는 너무나 훌륭하다는 것이다. 색채감, 가시성, 가독성, 구도 등 PPT가 갖고 있는 매력이 너무나 크다.

그런데 희한하게도 발표를 시작하면서 PPT의 매력은 반감되거나 퇴색되기 시작한다. 그래서 필자는 그 이유를 생각해 보았다.

가장 중요한 점은 감정을 전달하는 데 있어 어색하다는 점이다. 감정을 전달한다는 것은 화술, 제스처, 시선, 목소리 등으로 청중에게 PPT의 설득력을 높이는 것인데 그러한 점이 부족하고 어색하다 보니 마음을 움직일 수 없다.

아무리 PPT가 훌륭할지언정 발표자가 그 내용을 생생하게 전달해서 청중의 마음을 움직이지 못한다면 그 프레젠테이션은 실패한 것이다.

대화도 마찬가지이다.

우리는 살면서 수많은 사람을 만나며 대화를 하고 그들 앞에 서서 이야기 한다. 가족, 직장생활, 모임, 지인과의 만남, 낯선 이와의 만남 등 우리는 수많은 사람들과 관계를 맺고 다양한 대화를 하고 있다.

그런데 대화를 할 때 아무리 좋은 내용을 가지고 말을 해도 감성을 표현하지 못하면 사람의 마음을 움직이지 못한다. 즉, 대화에서 다양한 말이 오가지만 감정 전달을 제대로 하지 못하면 상대방의 마음을 움직일 수가 없다.
그렇기 때문에 감정을 제대로 알고 표현하는 것이 인간관계와 소통이 중요한 현대사회일수록 더욱 요구되는 것이다.

따라서 감정표현을 제대로 조절하게 되면 누구나 인간관계와 대화에 있어서도 주도적인 상황, 행복한 관계를 연출할 수가 있는 것이다.

이 책은 스피치에 있어서 감성설득의 실질적인 방법을 제시한다. 대화나 발표에서 왜 감정전달이 어려운지 그리고 감정전달과 설득을 제대로 하기 위해서는 어떠한 방법이 필요한지를 세심하게 설명해준다.

시선, 목소리, 화술, 제스처 등의 비언어를 활용해서 자기소개, 면접, 프레젠테이션, 소통, CS, 선거, 토의, 토론, 강의, 사회, 회의 등 감성을 움직일 수 있는 스피치에 관한 모든 방법을 제시한다.

또한 단순히 책을 읽는 것이 아니라 직접적인 훈련을 하면서 사람들의 감성을 움직일 수 있는 스피치 방법을 제시해 주는 책이다.

책을 다 읽고 난 후 하루하루의 일상이 행복해 지고 사람들을 대면하는 것이 즐거워졌으면 하는 바람이다.

- 2018년 어느 날... 김규현 -

목차 Contents

Part 1. 감성스피치란? ·· 5
1. 감성스피치란? 2. 비언어의 종류 3. 한국인이 비언어에 약한 이유
4. 왜 감정표현이 중요한가? 5. 설득의 마지막 단계는 감정

Part 2. 비언어적 표현 ·· 27
1. 발음 2. 소리 3. 거리적 표현 4. 시선이 주는 효과 5. 호흡 6. 감정
7. 생생한 화법 8. 생동감 있는 제스처

Part 3. 감정 표현 기초 ·· 69
1. 호흡과 감정 2. 들숨의 감정 3. 날숨의 감정 4. 감정표현 기초훈련

Part 4. 감정 표현 훈련 ·· 89
1. 대사를 통한 감정표현 2. 남자 연극대사 3. 남자 영화대사
4. 여자 연극대사 5. 여자 영화대사

Part 5. 감성 스피치 표현 ·· 135
1. 자기소개 2. 대화 3. 면접 4. 설득 5. 발표 6. 프레젠테이션 7. 강의

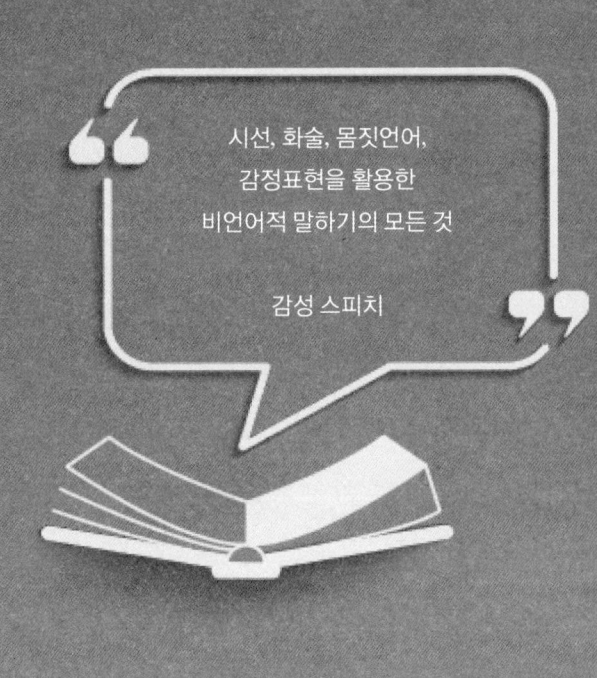

시선, 화술, 몸짓언어,
감정표현을 활용한
비언어적 말하기의 모든 것

감성 스피치

part 1

감성스피치란?

1 감성스피치란?

현대사회에서 감정이라는 것은 표현 외에 더 많은 것을 내포하고 있다. 행복, 기쁨, 즐거움 등의 긍정적인 감정도 있고, 화, 우울, 짜증 등의 부정적인 감정도 있다.

그런데 이러한 감정을 어떻게 적재적소에 표현하느냐에 따라 그 사람의 호감도는 물론 대인관계에 대한 능력치가 다르게 평가 된다.

가정, 직장 등 우리가 사람과 직면하는 모든 곳에서 중요한 요소 중 하나는 바로 감정을 절제할 때와 감정을 표현할 때를 알고 상황에 맞는 감정표현을 하는 것이다.

대화에 있어 말이 이성적인 설득을 준다면 감정표현, 시선, 말투, 시선과 같은 비언어는 감성적인 설득을 주는 중요한 요소이다. 특히 감정을 어떻게 싣느냐에 따라 더 생생한 전달을 줄 수가 있다.

예를 들어, 회사에서 "차장님, 오늘 기분 좋은 일 있으세요?"라는 말을 한다고 했을 때, 무표정한 얼굴로 얘기하는 것과 감정을 실어서 반가운 느낌의 표현을 한다면 훨씬 더 기분 좋은 느낌을 줄 수가 있다.

따라서 대화를 할 때 감정을 생동감 있게 표현하는 것은 매우 중요하다. 때로는 냉철하게 때로는 온화하게 그리고 때로는 유쾌하게 느낌을 표현해야 상대방에게 호감을 줄 수 있다.

즉, 어떤 상황에서는 차분하게 감정을 절제해야 하고 어떤 상황에서는 감정을 표현해야 할 때가 있다.

가령, 길에서 싫은 사람을 우연히 만났을 때 태연하게 아무렇지 않은 척 얘기하는 사람과 싫은 티를 팍팍 내는 사람의 경우에는 상대방에게 포커페이스의 성공여부가 달라질 수가 있는 것이다.

또한, 거절할 때도 부드럽게 미소를 머금으면서 얘기를 하는 사람과 딱딱하게 얘기하는 사람이 있으면 전자의 사람의 거절이 보다 기분 나쁘지 않은 거절 표현이 될 것이다.

반대로 감정을 표현해야 할 때도 있다. 상대가 감정적으로 나올 때는 처음엔 차분하게 얘기하지만 그럼에도 상대가 감정적으로 나올 때는 단호하게 얘기할 줄도 알아야 한다. 즉, 감정표현을 때로는 절제를 할 줄 알고 때로는 표현을 할 줄 아는 것이 중요하다는 얘기이다.

그렇기 때문에 감정표현은 실생활에서 매우 중요한 역할을 할 수 있다.

이처럼 대화를 할 때 감정표현을 잘하는 사람은 상황에 맞게 때로는 냉철하게 때로는 생생하게 감정표현을 잘할 줄 안다.

발표를 할 때도 마찬가지이다. 프레젠테이션이나 사람들 앞에서 자기소개를 할 때 감정표현을 무미건조하게 하느냐 생생하게 하느냐에 따라 사람들의 반응이 달라질 수가 있다.

이제는 감정표현은 하나의 능력이 되었다. 즉, 감정표현은 자신을 어필하는 시대에 있어서 꼭 필요한 부분이다.

따라서 감정표현이 서툴거나 어색하거나 조절이 안 된다고 느껴질 때에는 원인을 찾고 방법을 이해하며 훈련을 통해 숙지를 하는 것이 중요하다.

2 비언어의 종류

우리가 사회에서 누군가를 만나고 나서 이야기를 들을 때 돌이켜보면 그 사람의 이야기가 남을 것 같지만, 사실은 그 사람의 태도와 말투 그리고 인상 등이 더 뇌리에 각인된다.

예를 들어, 면접시험에서 면접관이 면접자를 합격을 시킬 때 가장 중요하게 생각하는 부분은 면접에 대한 답변이 아니라 면접태도라고 하는 부분을 우리는 눈여겨볼 필요가 있다.

여기에서 태도나 말투, 표정, 음성, 옷차림, 제스처, 동작 등이 바로 비언어에 해당된다.

언어가 상대방의 뇌를 지배한다면 비언어는 상대방의 마음을 지배한다.

그렇기 때문에 비언어를 제대로 이해하고 활용해야 이성과 감성을 동시에 지배할 수 있는 것이다.

그렇다면 비언어적 표현에 대해 구체적으로 알아보자.

1.감정 2. 표정 3. 목소리 4. 몸짓 5. 옷차림 6. 거리

먼저, '옷차림'이다.

우리가 소개팅이나 면접에서 첫인상으로 가장 먼저 들어오는 것은 그 사람의 옷차림이다. 상대방의 옷차림에 따라 다양한 느낌을 줄 수가 있고 첫인상을 지배할 수가 있다. 여기에서 옷차림은 획일적으로 말할 수 없는 부분이지만, 상황에 따른 적재적소의 옷차림이 첫인상을 지배할 수가 있다고 얘기할 수 있다.

가령, 면접 자리에서는 면접관에게 신뢰를 주는 깔끔한 정장과 구두 그리고 깔끔한 인상을 심어줄 수 있는 헤어스타일을 들 수가 있다. 직장생활이나 계약 자리에서는 신뢰를 줄 수 있는 정장 차림에 단정한 헤어스타일이 믿음을 줄 수 있다.

그렇기 때문에 옷차림은 하나의 비언어적인 표현에 해당할 수 있다.

두 번째는 '거리'이다.

가까운 거리　　　　먼 거리　　　　평행선

거리에 따라 상대방과의 가깝고 먼 느낌과 관계를 표현할 수 있다. 반대로 거리에 따라 심리적인 상태와 관계를 알 수 있다는 얘기이다.

거리의 경우는 내가 상대방을 좋아하거나 움직이고 싶으면 다가가고 상대방과 불편하거나 편하지 않으면 거리를 두고 대치상황이거나 팽팽할 때는 평행을 유지한다.

목소리도 마찬가지이다. 상대방이 울림이 있는 소리로 따뜻하면서 신뢰감 있는 목소리를 낼 때와 그렇지 않을 경우 감정이 움직일 수가 있고 그렇지 않을 수도 있다.

시선의 경우도 중요한 감성을 심어줄 수 있다. 눈에 힘이 들어간 경우 눈을 이완시키는 경우 방향을 위쪽으로 향하는 경우 그리고 방향을 아래쪽으로 향하는 경우에 따라 의미와 감정이 달라진다.

제스처나 동작 또한 마찬가지이다. '미안합니다.'를 그냥 말하는 것과 고개를 숙여서 '미안합니다.'를 할 때는 상대방에게 더 진심어린 마음을 전달할 수 있다.

발표를 할 때도 마찬가지이다. 제스처를 적절히 사용해서 핵심 포인트를 집어주는 것과 그냥 얘기하는 것은 생동감에 있어서 차이가 난다.

가령, 음식을 추천하는데 있어서 제스처로 그 음식의 느낌을 손짓으로 생생하게 설명하며 "제가 추천하는 요리는 바로 산채비빔밥입니다. 봄을 그대로 담은 새싹에 곤드레, 쑥, 고사리 등의 자연의 황홀한 맛의 향연을 느낄 수 있는 비빔밥" 이러한 말을 설명하는데 있어 그냥 밋밋하게 말로 설명하는 것과 몸짓과 손짓으로 음식의 맛을 구체적으로 설명하는 것은 차원이 다르다는 것이다.

또 다른 비언어는 여기서 얘기하고 있는 감정이다.

주로 우리가 감정이라고 함은 '표정'을 얘기하지만, 사실은 표정 역시 감정표현의 일부이다. 실제로 감정이 나타날 때는 호흡이나, 손 떨림이나 몸의 움직임, 안색 등의 모든 몸의 기관에서 표출되기 때문이다.

그렇다면 감정표현이 왜 중요한 대화의 방법이 될 수 있는가?
우리가 흔히 "감사합니다."라고 말을 할 때 '감사합니다.'라는 말은 고마움을 표시하는 의미지만 만약 감정이 없거나 반갑다는 느낌이 부족하다면 언어의 의미만 전달하게 된다. 하지만 말을 할 때 미소와 더불어 진심어린 고마움의 감정표현을 한다면 상대방에게 보다 생생한 느낌의 의미를 전달할 수 있다.

또한, 계약을 할 때도 마찬가지이다.

가령, 임대인이 임차인에게 "이 건물의 월세는 300만 원입니다."라고 했을 때, 만약 그 가격을 사는 데 지장이 없다면 또는 합당하다면 300만 원을 내고 계약을 하면 된다. 하지만 그 월세가 너무 비싸거나 부담된다면? 그때부터는 협상을 해야 한다. 물론 협상 자체가 되지 않는 부분이라면 그렇게 할 필요는 없지만 그런 경우가 아니라면 다양한 설득으로 임대인의 마음을 얻어야 한다.

협상이나 다양한 상황에서 비언어의 표현은 상대방의 마음을 지배할 수가 있다. 예를 들어, 상대방이 흥분할 때는 침착해야 하고, 상대방에게 부탁을 할 때는 정중한 감정과 제스처로 그리고 사과를 할 때는 표정이나 자세를 저자세로 낮춰야 상대방의 마음을 얻을 수가 있다.

이처럼 논리적인 대화가 상대방의 이성을 침투한다면 비언어적인 감성적인 대화는 상대방의 마음을 침투할 수 있다.

따라서 감정표현과 더불어 다양한 비언어를 익히는 것이야말로 효과적인 대화와 설득을 할 수 있는 좋은 방법일 것이다.

3 한국인이 비언어에 약한 이유

우리는 감정표현에 있어 어색하게 느끼고 불편함을 느낄 때가 많다. 왜 그런 것일까?

우리나라는 반도라는 지역적 특징을 가지고 있다. 반도라는 것은 반은 육지 반은 바다와 접해 있다는 의미이다. 위로는 중국 그리고 밑으로는 일본이라는 열강에 둘러져 있다. 그리고 바로 위로는 북한이 있다. 일단 지역적으로 타 국가에 비해 긴장도가 높다. 언제 전쟁이 일어날지도 모르고 중국이나 일본의 열강에 의해 잠식되어 질지도 모르는 긴장상태에 있다. 또한, 우리나라는 불행하게도 석유나 금과 같은 천연자원이 없다. 자원이 없다보니 늘 무언가를 얻기 위해 스스로 노력해야 하고 경쟁해야 한다. 좁은 국토에 비해 인구가 많다보니 가뜩이나 자원이 없는 나라에서 살아남기 위한 경쟁은 전쟁과 같을 수밖에 없었다.

역사적으로는 늘 외세의 침략이 있어왔다. BC 2333년 단군의 홍익이념이라는 국조를 통해 한반도에서 국가를 형성했지만 그 이후에 중국과 일본 등 총 976번의 외세의 침략을 받아왔다. 그리고 한 번도 선제공격을 한 적이 늘 당해왔다. 그러다보니 언제 또 공격을 당할지 모른다는 압박감과 불안함이 늘 도사려왔다. 특히, 6.25 전쟁이후 '한강의 기적'이라 불릴 정도로 수십 년간 급격한 경제성장을 이뤘다. 그러다보니 성장의 과정이 아닌 결과중심의 '빨리 빨리 문화'가 자리 잡았다. 여행지에서도 에스컬레이터를 추월하거나 뛰어 다니는 사람들을 보면 대부분 한국인이다. 그만큼 '빨리 빨리 문화'는 부지불식간에 우리의 생활과 밀접해 있다. 하지만 불행이도 빨리 빨리 문화는 경제적 성장을 앞당겼지만 시민의식의 성장에는 영향을 주지 않았다. 또한, 그런 빨리 빨리 문화로 인해 더욱 빠른 시간 내에 성과를 내야하고 성과를 내지 못하면 질책을 당하기 때문에 우리의 감정은 더욱 긴장상태로 내몰리고 있다.

가장 큰 이유는 유교의 영향이다. 우리는 어려서부터 절제의 미덕을 강조해왔다. 밥을 먹을 때도 조용히 얘기해야 하고, 사람들 앞에서도 크게 감정을 드러내면 안 되며, 늘 자제하는 것을 배워왔다. 조선시대에 유교가 통치이념으로 들어오면서 타인에 의한 시선과 의식문화가 자리 잡혔다. 유교는 옛날 중국 공자의 가르침에서 시작된 도덕 사상이다. 인 사상을 바탕으로 나라에 대한 충성과 부모에 대한 효도를 중시하는 사상이라 할 수 있다. 물론, 유교가 모두 잘못되었다고 할 수는 없지만 유교로 인해 특히, 중국이나 한국은 타인과의 관계와 시선 속에서 행동을 하고 행복을 찾는 의식과 문화가 생겼다고 할 수 있다. 또한, 효와 충이 스스로 자발적인 선택이 아닌 타의에 의한 선택이었다. 효와 충을 행하지 않으면 주위에서 좋게 보지 않거나 심지어는 도덕적인 잣대로 죄를 평가하는 경향이 강했기 때문에 타인에 의한 도덕과 규율을 행할 수밖에 없었다.

우리가 외국 사람들에 비해 좋은 점은 치열하게 노력을 하는 근성과 자세이다. 하지만 어려서부터 자제와 절제를 배워왔기 때문에 유연성은 매우 떨어지는 편이다. 유연성이 떨어지다 보니 표현력 즉, 감정전달이 부족하다. 그래서 발표나 프레젠테이션에서 감정전달이나 화술, 제스처와 같은 비언어가 턱없이 부족하다. 그렇기 때문에 감성적인 설득력이 PPT에 쏟아 붓는 노력에 비해 많이 아쉬운 경우가 많다.

필자는 다양한 학교나 기업에서 프레젠테이션 발표 심사위원으로 참여한 적이 있었는데 그때마다 PPT에 비해 감성설득이 부족하다는 것을 많이 느꼈다. 그래서 '왜 그럴까?'를 고민하다가 바로 그러한 한국 사람의 특징과 역사적 배경에서 오는 환경적 이유를 찾을 수 있었다.

사람들을 지나치게 의식하고 타인에 대한 타성적 관점에서 살다보면 비언어적인 부분이 현저히 떨어질 수밖에 없다. 그렇기 때문에 지금이라도 능동적으로 그리고 주체적으로 생각하고 행동하는 것이 대화나 발표에서 비언어를 키울 수 있는 원동력이 될 수 있다.

여기서 말하는 비언어로 말하는 것은 바로 시선과 화술 그리고 제스처와 감정을 활용하는 것을 얘기한다. 예로부터 겸양의 미덕을 강요했기 때문에 어떠한 감정을 사람들 앞에서 보이거나 펼치는 것이 부자연스러운 부분이 있다. 이러한 부분을 극복하기 위해서 타인을 의식하는 것보다 자신의 느낌과 생각을 능동적이고 주체적으로 말하는 연습과 훈련이 필요하다.

4 왜 감정표현이 중요한가?

그렇다면 왜 감정표현 훈련을 해야 하는 것일까?

우리가 직장에서든 가정이나 사회에서든 다양한 상황에 접할 때 때로는 감정을 숨기거나 때로는 감정을 표현해야 한다.

하지만 우리는 그러한 감정 처세에 능하지 않은 경우가 많기 때문에 연습과 훈련을 통해 호흡을 조절해야 한다.

다시 한 번 얘기하지만, 감정을 직접적으로 조절하는 것은 전문적으로 내면 연기를 배우지 않는 한 힘들 수밖에 없다.
그렇기 때문에 호흡으로 들숨과 날숨으로 호흡을 조절해야 한다.

예를 들어, 집에서 TV를 보고 있는데 갑자기 동생이 채널을 돌려버린다. 순간 짜증이 나서 "원래대로 돌려놔."라고 얘기한다. 하지만 동생은 아랑곳하지 않고 자기가 보고 싶은 채널을 본다. 이럴 때 화를 내기 보다는 미소를 띠며 좋게 타이르는 것은 어떨까?

물론 상황에 따라 단호하게 얘기를 해야 할 때도 있다. 하지만 결론적으로 감정적으로 대하는 것과 이성적으로 대하는 것은 상대방에게 다른 느낌을 줄 수 있다.

어떤 경우든 감정적이고 부정적인 말과 행동은 상대방에게 악영향을 끼칠 수밖에 없다. 즉, 현명한 방법이 아니라는 것이다.

그것이 바로 감정표현 훈련을 해야 하는 첫 번째 이유이다.

감정표현은 현대인에게 처세와 더불어 그 사람의 대인관계 등 이제는 하나의 능력치가 되어 버렸다.

하지만 '나는 기분이 좋은데 왜 상대방은 내가 기분이 좋지 않느냐고 물어보지?' 또는, '나는 지금 감정을 억누르고 있는데 왜 나보고 화를 많이 내고 있다고 말하지?' 등, 내가 생각하는 것과 상대방이 생각하는 것이 다를 때도 문제가 된다.

내가 생각하는 감정표현과 상대방이 느끼는 감정이 일치가 됐을 때 서로 오해가 없게 된다. 바로 그러한 부분이 감정표현 훈련을 해야 하는 두 번째 이유가 된다.
감정표현은 연습을 하고 훈련을 하면 분명 효과를 볼 수 있고 어떤 상황에서도 '내가 이렇게 표현하면 어떻게 될까?', '상대방이 내 감정을 알아차리지 않을까?, '지금 내 감정이 제대로 전달되는 것일까?'라는 다양한 의구심을 불식시킬 수가 있다.

그렇기 때문에 우리는 다양한 상황이나 관계에 맞춰서 효율적이고 합리적으로 감정을 통제하고 드러내고 조절하는 방법에 대해 알아야 한다. 얼마나 감정을 잘 조절하고 표현하고 절제하느냐에 따라 사람들과의 관계가 즐거워지고 행복해지기 때문이다.

5 설득의 마지막 단계는 감정

감성적으로 설득을 한다는 의미는 언어 외적인 감정, 표정, 태도, 눈빛, 목소리, 제스처 등으로 상대방의 마음을 침투한다는 의미이다.

우리가 누군가에게 설득할 때 과연 논리적으로만 얘기를 할까? 그렇지 않다. 실제로는 감성적으로 어필해서 상대방의 마음을 침투하는 경우가 더 많다.

가령, 우리가 면접을 할 때 논리적으로 대답을 하는 것도 면접관에게 어필할 수 있는 좋은 방법이지만 실제로 면접관이 가장 많이 보는 것은 '면접태도'이다.

바로 이 면접태도가 비언어적 설득 즉, 감성적 설득이라 할 수 있다.

또한, 어떤 발표를 할 때도 가령, '투자 설명회'를 한다고 했을 때 발표자는 왜 투자가 필요한지 그리고 어느 정도의 수익을 창출할 수 있을지, 투자대비 효과는 어떠한지에 대해 투자자에게 논리적으로 얘기해야 한다.

하지만 논리적인 설득 외에도 감성적인 설득이 존재한다. 여기서의 감성적인 설득이란 투자자에게 진정성 있는 태도, 눈빛, 목소리 그리고 말에 강약을 조절하면서 제스처로 완급을 조절하면서 말을 하는 것이다.

투자자가 발표자의 확신에 찬 눈빛에서 신뢰를 찾을 것이고 발표자의 진정성 있는 목소리와 태도에서 호감을 느낄 수 있을 것이다.
대화에서도 마찬가지이다.

가령, 한 친구가 다른 친구들의 말은 듣지 않고 자기의 주장만 고집한다고 치자. 그랬을 때 어떤 친구가 참지 못하고 그 고집스러운 친구에게 이렇게 말을 한다. "너는 너무 네 생각만 하는 것 같아. 네가 중요한 것처럼 다른 사람의 의견도 존중할 줄 알아야지. 자기만 존중받길 원하고 남을 무시하는 것은 어폐가 있지 않아?"라고 말이다.

그 친구의 얘기는 일관성 있는 핵심과 예시의 구체적인 논리로써 말을 했기 때문에 충분히 설득력을 가질 수 있다.

그런데 이런 대화를 할 때 어떤 분위기를 조성했는가도 중요할 수 있다.

왜냐하면 그 고집스런 친구의 입장에서는 아무리 논리적인 얘기일지라도 자존심이 상할 수 있는 부분이기 때문에 오히려 반감을 살 수도 있다.

감성적인 설득을 하는 경우엔 친구에게 먼저 따뜻한 미소를 건네면서 부드럽게 "너의 입장을 어느 정도 이해해. 나 역시 그럴 때도 있으니까. 근데 난 우리가 더 돈독해 졌으면 좋겠어. 솔직히 네 말에 상처받은 친구들도 있거든. 네 말이 그런 의도는 아니겠지만 가끔 친구들을 무시하는 것처럼 들릴 때도 있어."라고 말하는 방법이다.

여기서의 감성적인 부분은 바로 '따뜻한 미소', '부드러운 태도와 목소리' 등을 들 수 있다.

이성의 마음을 얻을 때도 마찬가지이다.

우리가 흔히 고백이나 프러포즈를 할 때 상대방이 무슨 말을 했는가도 중요하지만, 사실 고백을 할 때의 진정성 있는 눈빛, 떨리는 음성, 발그레한 수줍은 얼굴이 더 감동을 줄 수 있다.

왜냐하면, 논리적으로 상대방을 왜 좋아하는지 얘기할 때는 이성적으로 공감을 심어줄 수는 있지만, 그 사람의 마음을 침투할 수는 없기 때문이다.

그렇기 때문에 감성적인 설득 역시 이성적인 설득만큼이나 중요하다고 볼 수 있다. 즉, 논리적인 설득이 상대방의 이성을 침투하는 것이라면 비언어적인 감성적 설득은 상대방의 마음을 얻는 것이다.

설득에서 가장 중요한 부분은 바로 '감정'이다.

먼저, 세 가지 유형의 대화를 가지고 상황을 분석해보자.

●●● 이성과의 대화

승호 : 나 할 얘기 있어.
소희 : 뭔데?

승호 : 네가 날 좋아하는 거 알겠는데 휴대폰과 메일을 공유 하는 건 좀 그래.

소희 : 왜? 연인끼리 좋아하면 그럴 수도 있는 거지.

승호 : 내 사생활도 있잖아. 왜 네 입장만 생각하는 거야?

소희 : 나만 잘못한 거야?

승호 : 그럼 이게 내가 잘못한 거야? 응?

위의 이성과의 대화에서 승호는 여자 친구에게 불만을 얘기하고 있다. 그리고 메일을 공유하는 것은 이성간에도 사생활이 있기 때문에 싫다고 얘기한다. 얘기 자체는 논리적이다. 그런데 소희는 승호의 말에 감정적으로 발끈한다.

●●● 이성과의 대화

승호 : 나 할 얘기 있는데 얘기해도 돼?

소희 : 어, 얘기해 봐.

승호 : 네가 날 좋아하는 거 알겠는데 휴대폰과 메일을 공유 하는 건 좀 그래.

소희 : 그건 이해해. 근데 내 입장에선 네가 연락도 안 되고 답답한 부분이 많아.

승호 : 내가 일부러 그런 건 아니잖아. 일이 많으니까 그런 건데…

소희 : 일이 많은 건 충분히 이해해. 그런데 하루에 한 번은 연락할 수 있는 거잖아. 바쁜 건 알지만 기다리는 심정을 조금만 헤아려주면 좋을 것 같아.

승호 : 알았어. 조금 더 연락하려고 노력할게.

이번에도 승호는 소희에게 똑같이 논리적으로 얘기한다. 그런데 아까와는 달리 소희도 승호의 이야기를 듣고 바꾸려한다. 어떤 차이가 있는 걸까?

그것은 바로 승호의 감정이다. 처음 대화에서는 승호가 논리적으로 얘기했지만 승호의 경직되고 딱딱한 비언어가 상대의 교감신경을 자극해서 나쁜 긴장을 하게 만들었다.

하지만 나중의 대화에서는 승호가 최대한 소희의 교감신경을 자극하지 않으려고 애를 쓰며 얘기를 하고 있다. 그렇기 때문에 소희 역시 승호에게 공격을 하지 않고 타협을 시도하고 있다.

설득을 할 때 고려해야 하는 부분이 바로 상대방의 방어벽을 무너뜨리는 것이다. 사람은 자신을 방어하기 위한 '항상성'이라는 것이 있는데 그 항상성을 유지하는 것이 바로 자율신경계이다. 자율신경에 교감신경과 부교감신경이 있는 것이다. 교감신경은 우리의 몸을 방어하기 위해 긴장을 유발하는 성질이 있고, 부교감신경은 우리의 몸을 원래대로 회귀하기 위해 이완하는 성질이 있다.

사람마다 최적의 리듬이라는 것이 있다. 그 리듬은 바로 교감신경과 부교감신경이 마치 오케스트라의 기분 좋은 연주처럼 일정한 상태의 흐름으로 움직이는 것이다.

교감신경에도 긍정과 부정의 감정이 있다. 긍정적인 감정은 설렘이나 흥분을 유발하는 도파민과 결합되었을 때의 감정이고 부정적인 감정은 누군가 자신을 공격하거나 스스로를 적극적으로 방어하기 위해 아드레날린과 결합될 때의 감정이다.

부교감신경에도 두 가지가 있다. 긍정적인 부교감신경은 아세텔콜린이라는 호르몬과 날숨이 결합되었을 때 편안함을 주는 역할을 한다. 부정적인 부교감신경의 뜻은 부교감신경이 너무 지나쳐도 우울함과 지루함을 느낄 수 있다는 의미이다.

설득을 잘하려면 처음이 방어적이고 공격적인 교감신경을 서서히 녹여서 설렘을 주는 도파민의 긍정적인 교감신경과 편안함을 주는 아세틸콜린과 결합된 부교감신경을 자극해 긍적적인 항상성의 리듬을 만들어 주는 것이다.

즉, 설득을 잘하는 사람은 상대방의 긴장을 유발하는 교감신경을 서서히 녹여 긍정적인 교감신경과 부교감신경으로 활성화하는 것을 잘하는 사람이다.

사람은 자신을 보호하기 위한 항상성을 갖고 있다. 신체적으로 항상성이라 하고 심리학적으로는 자존심이라고 한다.

설득에서 바로 이러한 부분을 잘 생각하고 접근하는 것이 중요하다. 즉, 방어벽과 자존심을 은근한 공감대와 부드러운 제스처와 화술로써 접근해야 어느새 듣는 이도 모르게 설득이 되는 것이다.

가령, 입시생이 부모님에게 미술학과를 허락 맡을 수 있도록 설득하는 상황이라고 가정해보자. 먼저 부모님이 미술학과에 대해 호의적인 반응이라면 설득에 유리할 수가 있다. 부모님 역시 입시생인 내가 그 과를 가는 것에 좋은 반응을 보이든지 또는 그 과에 가는 것에 대해 거부감을 받지 않는다면 설득이 쉬울 수가 있다.

그렇다면 부모님이 미술학과에 가는 것에 대해 반감을 품고 있을 때는? 바로 그러한 상황이 설득에 불리한 조건이 될 수가 있다.

이때는 부모님의 반응에 당황하지 않고 침착함을 유지하면서 '왜' 미술학과에 갈 수밖에 없는지를 논리적으로 얘기해야 한다. 가령, 미술학과의 비전과 그리고 나의 능력, 앞으로 미술학과에 들어가서의 나의 계획에 대해 논리적인 당위성을 얘기하는 것이 부모님의 이성을 지배할 수 있는 방법이다.

하지만 논리적인 당위성만큼 중요한 것이 설득을 할 때의 분위기이다. 만약 부모님이 바쁜 상황이나 피곤한 상태라면 그때 설득을 하는 것은 바람직하지 않다. 왜냐하면, 실패할 확률이 높기 때문이다. 상대방의 이성을 지배하는 것만큼이나 감성을 침투하는 것은 중요한 일이다. 왜냐하면, 감성을 침투한다는 것은 상대방의 방어벽을 무너뜨려 나의 의견을 관철할 수 있는 기회를 만드는 것이기 때문이다.

따라서 설득을 할 수 있는 분위기를 만들어야 조금이라도 유리한 입장에서 나의 의견을 말할 수가 있다. 그럼에도 불구하고 상대방의 나의 의견에 방어적이라면? 그럴 때는 논리적인 방법과 더불어 감성적인 즉, 비언어적인 방법을 동원해야 한다. 여기서의 비언어적인 설득이란, 진심 어린 눈빛과 목소리 그리고 감정과 제스처를 이용해서 상대방의 마음을 침투하는 것이다.

우리가 흔히 '내 마음 약해지게 왜 이래?'라고 말하는 것은 이미 마음이 흔들리고 있다는 증표이다.

즉, 상대방에게 논리적으로 얘기하는 것과 동시에 대화를 할 수 있는 부드러운 분위기를 유지하면서 비언어적인 진심 가득한 말투와 감정을 가지고 말하는 것이다.

예를 들어, "내가 미술학과를 갈 수밖에 없는 이유는 첫 번째 내가 미술을 너무 좋아해서야. 그리고 내가 충분히 잘할 수 있어서고. 그리고 앞으로 미술에 대한 진로가 밝기 때문에 내가 졸업을 할 때쯤이면 충분히 밥을 먹고 살 수 있을 정도로 미술 산업이 발전해 있을 거야."라고 논리적으로 얘기를 해서 '왜 내가 미술학과를 갈 수 밖에 없는지'를 논리적으로 얘기해서 이성적인 설득을 한다면, 감성적으로는 시선을 마주치면서 부모님에게 진심어린 눈빛을 보내며 진정성 있는 목소리와 감정으로 호소한다면 설득 효과는 배가 될 수 있다는 것이다.

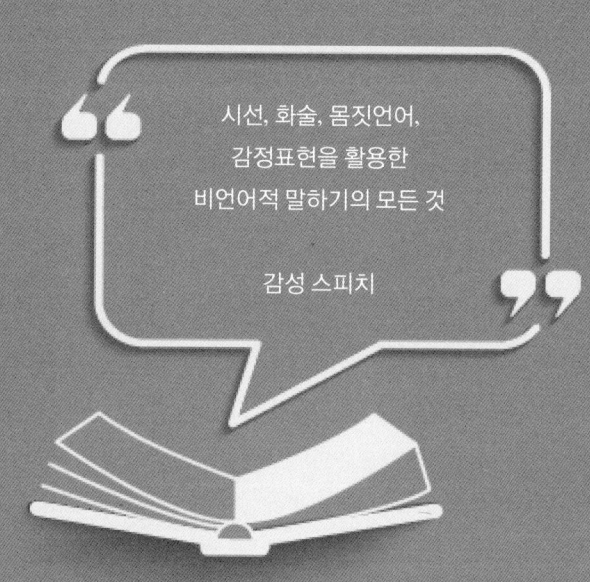

part 2

비언어적 표현

1 발음

발음은 비언어에서 아주 기본적인 부분에 해당한다.
발음이 좋지 않으면 기본적으로 어떠한 사실이나 내용을 전달하는데 있어 전달력이 매우 떨어지기 때문에 사람들을 설득하기가 어렵다.

발음은 선천적인 부분과 후천적인 부분이 있다. 거의 95%는 후천적인 이유 때문에 발음을 교정해야 한다.

선천적인 부분은 턱이라든가 혀가 유난히 긴 경우, 또는 유난히 짧은 경우를 얘기하는 것이다. 이런 경우는 의학의 도움을 받아야 한다.

후천적인 경우는 어렸을 때, 발음을 짧게 하거나, 대충 대충해서 생긴 습관성 원인이다. 이러한 경우는, 입모양과 혀의 위치를 제대로 자리 잡는 발음연습을 통해 다시 제자리로 위치시켜야 한다.

그리고 자음과 모음을 또 구별해서 어떠한 부분이 문제인지를 인식하는 것이 중요하다.

대부분의 경우 ㅅ, ㅈ 발음이 문제가 된다.

왜냐하면 어렸을 때부터 저 두 발음은 신경 써서 해야 하는데, 편하게 발음하다보니 습관이 되어 혀 짧은 발음으로 고착이 되어 있는 것이다.

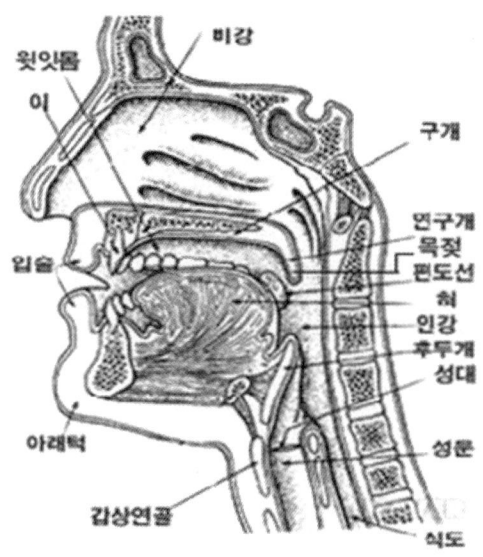

위의 그림과 같이 혀와 치아 그리고 입의 모양에 따라 발음기호가 형성이 된다.

그래서 발음훈련을 할 경우, 아나운서의 정확한 입의 구조를 흉내 내면서 녹음을 하면 자신의 어떤 자, 모음이 정확하지 않은 것인지 파악할 수 있다.

특히 'ㅅ'의 경우 치아가 닫힌 상태에서 혀를 정확히 뒤로 빼지 않고 말해서 부정확하게 발음이 되는 것이기 때문에, 'ㅅ' 발음 앞에 '으'를 붙여서 '으싸' 발음을 의도적으로 하면 더 정확한 'ㅅ' 발음을 할 수 있다.

'ㄹ'의 경우는 혀를 말아서 천정에 붙인 다음 발음을 해야 하기 때문에 발음이 안 좋은 경우는 혀가 말리지 않아서인 경우가 대부분이다.
그렇기 때문에 'ㄹ' 발음 앞에 '을'을 붙여서 '을를' 발음을 하면 된다.

또한 'ㅈ'의 경우는 치아가 닫힌 상태에서 혀를 밑에서 뒤로 보내는 발음이기 때문에 발음이 잘되지 않을 때에는 의도적으로 'ㅈ' 발음 앞에 '은'을 붙여서 '은자' 발음을 내면 된다.

또 안 되는 발음 중에 하나가 이중모음인데 예를 들어, '여' 발음은 'ㅣ'와 '어'를 합해서 내야 하므로 의도적으로 '이어' 라고 발음을 하면 더 정확히 이중모음을 할 수 있다.

그리고 'ㅚ'와 'ㅙ'의 구별 'ㅣ'와 'ㅟ'의 구별도 입모양을 정확하게 해야 분별을 할 수 있기 때문에, 발음을 할 때는 입을 크게 벌리고 연습을 해야 한다.

이것은 마치 씨름선수가 모래주머니를 차다가 모래주머니를 빼면 날아갈듯이 가벼운 느낌이 드는 것과 마찬가지로 입을 크게 벌리면서 연습을 하다보면 어색하던 발음이 자연스러워질 때가 있다.

매일 연습을 통해 정확한 입의 모양과 혀의 위치를 자리 잡으면서 연습을 한다면 누구나 분명 정확한 발음을 하실 수 있을 것이다.

다음은 표준어를 쓰는 방법에 대해 알아보자.

사투리는 사실 하루아침에 고쳐지지는 않는다. 그렇기 때문에 매일매일 연습과 훈련을 하는 것이 중요하다. 신문이나 짧은 소설 등을 자주 읽어 보는 것을 추천한다.

이때 주의할 점은 자신의 말을 꾸준히 녹음을 해서 들어봐야 한다.

또는 지인이 있으면 자신의 말을 들려주고 받은 조언을 참고하며 교정을 해 나가야 한다. 그렇지 않으면, 어디가 잘못됐는지, 무엇을 바꿔야 하는지를 알 수가 없다.

중이 자기 머리를 깎지 못하기 때문에 사투리는 반드시 다른 사람에게 조언을 구하거나 본인의 말을 녹음해서 듣는 것이 지름길이다. 그리고 뉴스프로그램 진행 등 정확하게 말을 전달하는 아나운서의 발음을 따라 하다 보면, 처음엔 힘들겠지만, 어느새 자신도 모르게 발전하고 있다는 것을 느끼게 될 것이다.

예전에 학원에서 한 학생이 사투리를 쓰면서, "선생님 저는 왜 사투리가 고쳐지지 않을까요?"라고 질문을 한 적이 있었다.

그래서 "하루에 사투리를 고치기 위해서 얼마나 연습을 하며, 어떻게 고치고 있니?"라며 되물어 보았다. 그랬더니 "일주일에 두세 번 삼십분 정도 연습을 하고, 신문을 읽어요."라고 대답했다.

하루에 삼십분을 연습을 하고 신문을 읽는 것은 좋은 연습이다. 하지만 중요한 것은 매일 얼마나 구체적으로 하는가이다.

사투리를 고치는 것은 영어를 공부하는 것과 매우 흡사하다.

우리가 원어민이 아니고, 영어권 나라에서 태어나지 않은 이상, 매일매일 연습을 할 수밖에 없다. 그렇지 않으면 다시 원래대로 돌아가기 때문이다. 그리고 매일매일 읽고 듣고 쓰기를 반복해야 종합적으로 영어가 늘기 시작하듯이, 사투리도 마찬가지이다. 매일매일 신문을 읽고 아나운서의 발음을 듣고, 자신이 직접 녹음해 보기도 하면서 서서히 늘기 시작한다.

이때 주의할 점은 친구나 주변 사람과 대화할 때도 사투리를 쓰면 안 된다는 것이다.

영어를 잘하려면 영어를 쓰는 환경에 자주 노출되어야 하듯이 사투리를 안 쓰려면 표준어를 쓰는 환경에 자주 노출되어야 하는 것이다.

그렇게 하다보면 어느새 표준어를 쓰고 있는 스스로를 발견하게 될 것이다.

다음은 발음연습표이다.

- 가갸거겨고교구규그기
- 나냐너녀노뇨누뉴느니
- 다댜더뎌도됴두듀드디
- 라랴러려로료루류르리
- 마먀머며모묘무뮤므미
- 바뱌버벼보뵤부뷰브비
- 사샤서셔소쇼수슈스시
- 아야어여오요우유으이
- 자쟈저져조죠주쥬즈지
- 차챠처쳐초쵸추츄츠치
- 카캬커켜코쿄쿠큐크키
- 타탸터텨토툐투튜트티
- 파퍄퍼펴포표푸퓨프피
- 하햐허혀호효후휴흐히

- 경찰청 쇠창살 외 철창살, 검찰청 쇠창살 쌍 철창살
- 김서방네 지붕 위에 콩깍지가 깐 콩깍지냐 안 깐 콩깍지이냐?
- 깊은 산속 부엉이는 부엉부엉 하고 깊은 계곡 꾀꼬리는 꾀꼴 꾀꼴
- 깐 콩깍지나 안 깐 콩깍지나 콩깍지는 다 콩깍지인데
- 꿀꿀이네 멍멍이는 꿀꿀꿀 하고 멍멍이네 꿀꿀이는 멍멍멍 하네
- 내가 그린 그림은 구름그림이다.
- 눈이 오는데 눈에서 물이 흐르니 이게 눈물인가 눈물인가?
- 니 붕어 알이 크냐 내 붕어 알이 크냐.
- 다람 다람 다람쥐 알밤 줍는 다람쥐 보름 달밤에 알밤 줍는 다람쥐
- 다우네 외가는 외 중에 있고, 다우네 외숙모는 윗마을에 있다.
- 담임 선생님의 담당과목은 도덕 담당이고 담임 닭은 담임선생님의 담당
- 단골집 담 큰 주인은 닭장에서 닭 모이를 주는 게 그의 취미이다.
- 대한관광, 대한관광공사, 대한관광공사 공무원

- 두리 뭉실 두리 뭉실 감자 같은 내 엉덩이
- 들의 콩깍지는 깐 콩깍지인가 안 깐 콩깍지인가?
- 똘똘이네 똑똑이는 똘똘하고 똑똑이네 똘똘이는 똑똑하다
- 뜰에 콩깍지 깐 콩깍지인가 안 깐 콩깍지인가?
- 라디오는 랄라라라 노래하고, 나는 랄라라라 춤을 춰요.
- 라일락 꽃 같은 라이안의 처녀들이 랄라라라 랄라라라 춤을 춥니다.
- 마차는 덜컹덜컹 우차는 삐그덕 삐그덕
- 버스 타고 꼬부랑길을 꼬불 깽깽 꼬불꼬불 뱅뱅 돈다.
- 봄 꿀밤 단 꿀밤, 가을 꿀밤 안단 꿀밤
- 사람이 사람이면 다 사람이냐 사람이면 사람구실을 해야 사람이지
- 상표 붙인 큰 깡통은 깐 깡통인가? 안 깐 깡통인가?
- 새장 속에 흰 꼬리 새는 새 장사를 싫어한다.
- 서울특별시 특허 허가 과 허가과장 허 과장

- 저기 저 콩깍지가 깐 콩깍지냐? 안 깐 콩깍지냐?
- 조달청, 조달청 청사, 조달청 청사 창살, 조달청 창살 쌍 창살
- 중앙청 창살은 쌍 창살이고 시청의 창살은 외 창살이다.
- 찹쌀떡 떡방아는 덩더쿵 떡방아, 멥쌀 떡 떡방아는 쿵더쿵 떡방아
- 키가 큰 코끼리가 쿨쿨 코를 골며 자고 있는데 쿵쿵쿵 큰 소리를 내며 코뿔소가 키 작은 코알라에게 다가갔어요. 키 작은 코알라는 콩콩콩 가슴이 뛰었지요.
- 탱글탱글 오렌지를 톡 터뜨리면 새콤달콤 오렌지 주스가 되지요.

- 포도밭에서 먹는 포도는 포도향기가 퐁퐁 풍기고 포장마차에서 먹는 파전은 파 냄새가 팡팡 풍긴다.
- 하늘의 하얀 구름은 요술쟁이인가 봐, 하마도 되고 호랑이도 되고 해님도 하하하 웃고 있네요.
- 한양 양장점 옆에서 한영 양장점, 한영 양장점 옆에 한양 양장점
- 항만청, 항만청 청사, 항만청 청사 쇠창살이

매일매일 하루 10분정도만 투자해서 자신의 소리를 녹음해서 들어보기도 하고, 또한 어떤 발음이 안 되는 지 체크하면서 연습을 한다면 발음이 몰라보게 좋아질 것이다.

2 소리

스피치를 하는 데 있어 소리의 역할은 매우 중요하다. 시각적인 것과 더불어 청각적인 부분이 기억에 남기 때문이다.

소리에 관한 리서치에 의하면, 사람이 말할 때 내용만큼 중요한 것이 억양과 말의 템포 등의 청각적 기호라고 한다. 즉, 화자가 어떤 내용을 말하는가도 중요하지만, 어떻게 얘기를 했는가는 그것 못지않게 의미를 차지한다는 것이다.

면접, 자기소개, 강의, 사회를 볼 때 청중의 귀에 즐겁게 하기 위해서는 안정적이면서도 매력적인 음성과 피치로 얘기하는 것이 중요하다.

그럼 신뢰감이 있으며 매력적인 음성을 어떻게 만들 것인가? 그 해답은 '복식발성'에 있다.

'복식발성'은 횡격막을 자극해서 소리를 내는 것이다. 일반적으로 우리가 소리를 낼 때는 성대만을 사용해서 소리를 내는데, 이것은 마치 악기의 원리와 같다.

기타를 연주할 때 소리를 울려주는 부분이 깊지 않으면 울림이 좋은 소리가 나올 수 없듯이 가슴만으로 즉, 흉식호흡으로 소리를 내면 당연히 소리의 울림이 적기 때문에 안정적인 소리가 나올 수 없다.

그에 반면 복식발성을 이용하게 되면, 소리가 깊고 울림이 생기기 때문에 안정적이면서 매력적인 음성을 전달할 수 있는 것이다.

그럼 복식발성을 하게 하는 '횡격막'에 대해 알아보자. 먼저 횡격막의 위치이다.

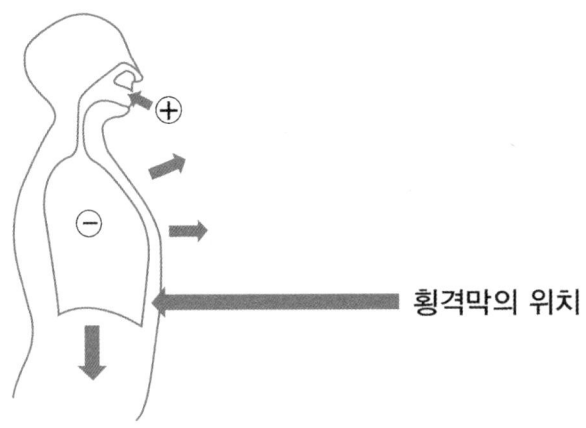

횡격막의 위치

그림에서 볼 수 있듯이, 가운데 창자를 둘러쌓고 있는 얇은 막이 바로 '횡격막'이다.
이 부분을 늘려주려면, 호흡을 들여 마시고 내뱉는 훈련을 해야 한다.

이것은 마치 풍선효과와 같다.
풍선을 불 때 공기가 들어오면 풍선이 커지는 것처럼 공기가 신체에 들어왔을 때 횡격막을 늘리고 소리를 내뱉을 때 마치 펌프질처럼 배를 당겨서 소리를 내면 '복식발성'의 효과를 얻을 수 있다.

매력적인 소리를 내기 위해서는 '복식발성'으로 소리연습을 하는 것이 중요하다.

왜냐하면, 울림이 있는 소리는 청중들에게 안정적으로 전달이 될 수 있고, 특히 사람이 많을 때 빛을 발휘할 수 있기 때문에 복식발성은 매우 중요하다.

하지만 배우들이나 성악가들의 평소소리 자체에 울림이 있는 것은 일부러 그렇게 소리를 내는 것이 아니라, 자연스레 훈련이 된 것이다.

그렇기 때문에 실제 면접이나 강의 등의 발표에서 복식발성을 하면 개그맨 박명수씨처럼 '호통개그'가 될 수 있다. 즉, 평소 하루에 10분정도의 훈련을 통해 자연스럽게 안정된 소리를 만들라는 것이다.

복식발성만큼 중요한 소리의 부분 중 하나가 '피치'이다. '피치'는 바로 음의 높낮이다.
똑같은 음으로 소리를 낸다면, 청중은 지루함을 느낄 수밖에 없다. 소리의 피치는 음악으로 비유할 수 있다.

음악의 종류에는 클래식도 있고, 재즈, 힙합, 일렉트로닉 등 다양한 장르가 있다. 스피치에서의 주제가 가사라면 스피치에서의 소리는 바로 음악의 악기와 장단 리듬에 해당된다.

아무리 가사가 좋아도 음이 일정하거나, 리듬의 변화가 없다면 지루할 수밖에 없다. 그렇기 때문에 소리의 톤, 그리고 길이, 억양 등을 마치 음악의 연주처럼 표현하는 것이 중요하다.

그렇기 때문에, 같은 내용을 여러 가지 음으로 얘기함으로써, 지루하지 않고 생동감 있게 전달할 수 있는 훈련이 필요하다.

먼저 고음의 장점은 밝고 낭랑한 느낌을 준다는 것인데 지나치면 신경질적으로 들린다. 저음의 경우에 장점은 따뜻하고 부드러운 느낌이지만 지나칠 경우 무겁고 지루하게 들린다.

화술, 몸짓과 더불어 목소리도 결국 감정전달이 핵심이다. 그런데 다른 비언어와 마찬가지로 목소리 역시 너무 높거나 빠르거나 강하거나 약하면 즉, 과하게 되면 거슬리게 된다. 다시 말해서 나쁜 감정을 유발한다.

피치	장점	단점	자율신경
고음	밝고 낭랑함	신경질적임	교감신경
중음	편안함	지루함	부교감신경
저음	따뜻함	무거움	부교감신경

목소리에도 강약이 있다.
강한 소리는 힘이 있는 반면 지나치면 신경을 거슬리게 한다. 약한 소리는 부드럽지만 과하면 답답함을 심어준다.

강약	장점	단점	자율신경
강한 소리	힘이 있음	권위적임	교감신경
중간 소리	편안함	지루함	부교감신경
약한 소리	부드러움	답답함	부교감신경

마지막으로 소리의 템포이다.

빠른 소리는 생동감을 주지만 과하면 정신이 없고, 느린 소리는 안정감을 심어주지만 과하면 답답함을 줄 수 있다.

속도	장점	단점	자율신경
빠른 소리	생동감	정신 없음	교감신경
중간 소리	편안함	지루함	부교감신경
느린 소리	안정감	답답함	부교감신경

 거리적 표현

상대방을 향하거나 가까운 거리면 상대방과 친해지고 싶다는 의미이고 상대방에게 등을 돌리거나 거리를 두면 멀리하고 싶다는 의미이다.

가까운 거리　　　　　　　　친근함

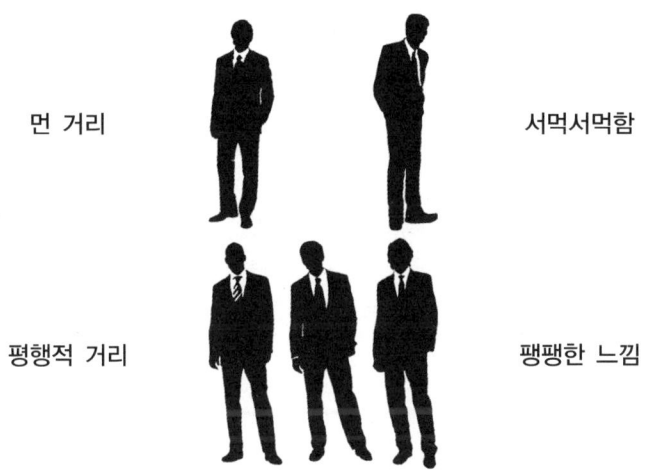

가령, 어떤 사람이 회사에서 싫은 상사를 마주한다고 생각해보자.

그 상사가 싫기 때문에 거리를 둔다. 그리고 정면으로 쳐다보지 않고 다른 곳을 보며 얘기한다. 그럼 그 의미는 다음과 같다. '난 당신과 말하고 싶지 않아요.'

하지만 좋아하는 상사와 대화를 나눌 때는 어떤가?

좋아하기 때문에 다가가고 싶어 한다. 다가가서 얘기를 나눈다. 그리고 상대방을 다정어린 시선으로 집중해서 쳐다보며 말을 한다. 그 의미는 '난 당신과 많은 얘기를 나누고 싶어요.'라는 것이다. 거리적 표현과 더불어 시선 역시 부드러워진다. 그리고 상대방을 쳐다보면서 얘기한다. 상대방을 쳐다보는 이유는 얘기를 나누고 싶다는 암묵적인 표현이다.

또한, 우리가 어떤 사람과 친해지고 싶을 때 어떻게 하는지 생각해 보자. 먼저 그 사람을 쳐다본다. 그리고 미소를 띤다. 다가간다. 그리고 인사를 한다.

반대로 만약 우리가 어떤 사람과 가까이 하고 싶지 않으면 어떨까? 그 사람을 쳐다본다. 그리고 가만히 있다. 피하고 싶다. 그래서 등을 돌리거나 다른 곳을 본다.

이처럼 거리적인 것으로 상대방에게 심리적인 표현을 할 수 있다. 또한, 감정표현과 함께 활용하면 상대방에게 확실한 비언어적인 표현을 할 수 있다.

가령, 어떤 사람이 나를 자극해서 화가 나있다고 가정해보자.

맥박이 빨라지고 호흡이 거칠어진다. 이때 심호흡으로 감정을 조절한다. 그리고 상대방에게 등을 돌리는 것이 아니라 조금씩 다가가서 진정하라고 얘기한다.
여기서의 거리적 표현은 '나 당신과 화해를 하고 싶어.'라는 의미이다.

하지만 만약 호흡이 거칠어진 상태에서 화를 표현하면서 다가가면 '난 당신과 싸우고 싶어.'라는 의미를 부여한다. 심리에 따라서 거리가 달라질 수 있고, 그 거리는 상대방에게 의미를 주는 비언어적인 표현이 될 수 있다.

4 시선이 주는 효과

상대방을 어떻게 보느냐에 따라 주는 느낌은 다르다. 위에서 아래로 내려다보는 시선은 무시를 하는 느낌을 아래에서 위로 올려다보는 시선은 공격적인 느낌을 준다.

그렇기 때문에 시선은 중요한 비언어적 표현이다.

먼저, 프레젠테이션을 생각해보자.

프레젠테이션에 익숙하지 않은 사람이라면 긴장을 할 수밖에 없기 때문에 청중들을 쳐다보는 데 자신이 없다. 그래서 시선을 정면으로 마주하지 않고 주변을 둘러보거나 잠깐 머무르는 정도의 눈빛을 보내는 경우가 다반사다.

만약, 프레젠테이션에 자신감이 있거나 경험이 많은 사람이라면 청중들에게 머무르는 시간이 훨씬 많을 것이고 한 명씩 정면을 보려는 노력을 할 것이다.

일상생활에서도 마찬가지이다. 우리가 낯선 사람을 마주할 때는 일단 경계심이 생기기 때문에 부드러운 시선보다는 약간의 거리를 둔 상태에서 의심의 눈빛으로 쳐다볼 수가 있다. 하지만 상대방과 신뢰가 생긴 경우라면 심리적 거리와 더불어 물리적 거리도 허물어지고 시선 역시 한결 부드러워지고 경계심이 없어진다.

시선	장점	단점	자율신경
강한 시선	힘이 있음	부담스러움	교감신경
부드러운 시선	편안함	지루함	부교감신경

강한 시선은 힘이 있지만 부담스러울 수 있고, 부드러운 시선은 편안하지만 자칫 지루함을 줄 수도 있다. 따라서 대화나 발표에 있어서 강한 시선과 부드러운 시선을 병용해야 집중도와 호응도를 높일 수 있다.

시선은 표현하는 사람과 청중에게 감정을 느끼게 할 수 있는 비언어적 표현이다. 그렇기 때문에 화자가 어떤 느낌의 시선을 보내느냐에 따라 청중은 화자의 시선의 느낌을 다양한 감정으로 받아들일 수 있다.

거리와 마찬가지로 시선은 매우 효과적인 비언어이고 부지불식간에 상대방에게 표현되는 비언어라는 것을 생각한다면 감정표현에 있어서도 많은 도움이 될 것이다.

5 호흡

들숨	호흡	날숨
행복, 기쁨, 즐거움, 설렘, (긴장의 감정)		우울함, 탄식, 실망, 아쉬움 (이완의 감정)

감정을 표현함에 있어 가장 중요한 부분은 호흡이다.

여기서 호흡은 들숨과 날숨으로 구성할 수 있는데, 들숨은 주로 행복, 환희 등의 긍정적인 감정에서, 날숨은 우울, 분노 등의 부정적인 감정에서 사용된다.

호흡은 상당히 연기적인 부분이 있어 어려울 수도 있다고 생각하지만, 충분히 연습을 통해 스피치에서의 스킬로 사용될 수 있다.

자, 실전훈련을 해보자.
"왜 우리는 이렇게 살아야 할까요?" 라는 말을 할 때, 호흡을 먼저 한꺼번에 들이마시고 천천히 내뱉으면서 말을 호흡에 실어 얘기한다.

그럼, 흥분을 참는 것처럼 보인다.

이번에는 호흡을 격하게 들이마셨다가 내뱉는다. 그럼 격정적인 강조로 보이게 된다. 이때 중요한 점은 인위적으로 보이지 않게, 충분히 내적인 감정이입을 해야 한다는 것이다.

호흡을 천천히 들이마시느냐 아니면 빨리 마시느냐 그리고 호흡을 천천히 내뱉느냐 빨리 내뱉느냐에 따라 감정의 변화를 표현할 수 있다.

긍정적인 감정 즉, '행복', '기쁨', '즐거움' 등은 주로 호흡을 들이마시면 생긴다. 특히 '웃음'의 경우 빨리 호흡을 들이마시고 내뱉는 것을 반복하면서 소리를 실으면 된다.

부정적인 감정 '우울', '짜증', '분노', 등은 호흡을 내뱉으면 쉽게 감정이 생긴다. 특히 정적인 감정 '우울', '그리움', '불쌍함' 등은 호흡을 천천히 내뱉고, '분노'나 '짜증'은 호흡을 빠르게 내뱉으면 그러한 감정이 생긴다.

이때 호흡량에 따라서도 의미가 달라질 수 있다.

강한 강조를 할 때는 호흡을 크게 마신 후 그 호흡을 그대로 내뱉으면 매우 강하게 표현이 될 수 있다. 그리고 호흡을 조금만 마시고, 그 호흡을 끝까지 다 쓰면 의미 있게 말이 들릴 수 있다.

이처럼 호흡의 양과 호흡의 속도에 따라 감정의 다양한 표현을 할 수 있게 된다.

방법을 천천히 실행에 옮겨보라. 그리고 반복적으로 해보라.

 ## 감정

스피치에 있어 감정은 생동감을 넣어주는 중요한 요소이다. 또한, 감정과 같은 비언어는 상대방의 감성을 자극할 수가 있다. 우리가 누군가를 만났을 때 그 사람이 하는 말을 기억하는 것보다 말을 할 때의 그 사람의 행동과 표정이 더 인상에 남는다.
그만큼 비언어적인 표현이 언어적 표현보다 더 생생하게 전달될 수가 있다. 그렇기 때문에 그 사람의 논리력이 아무리 좋아도 비언어적인 표현이 약하면 절대로 상대방을 설득할 수가 없다.

비언어적인 표현의 핵심은 바로 '감정표현'이다. 말을 할 때 표정과 감정을 그 대화에 맞게 풍부하게 표현한다면 생생한 전달이 될 수가 있다.

그렇다면, 감정 표현을 연습해 보자.

가령 "우리가 어떻게 하면 행복할 수 있을까요?" 라는 말을 한다고 생각했을 때, 이 말을 어떻게 표현하면 좀 더 생동감이 있을까?

먼저 어디를 강조할지를 생각해야 한다.

지난 시간에 말한 것처럼 "행복"을 강조할지, "어떻게 하면"을 강조할지, 또는 "우리가"를 강조할지에 따라 느낌은 다르게 표현이 된다.

이러한 화술적인 방법 외에 감정표현 역시 말에 생동감을 넣어 줄 수 있는 좋은 요소다.
흥분하며 말을 할 것인지, 차분히 말을 할 것인지에 따라 그 느낌은 현저히 다를 수 있다.

가령 격양되게 강조한다면 분위기가 조용해지면서 긴장된 상태에서 화자의 얘기를 들을 것이고, 차분히 아주 천천히 얘기를 한다면 숨을 죽이면서 얘기를 듣게 될 것이다.
그리고 "우리가 어떻게 하면"을 차분히 얘기하고 그 뒷부분 즉, "행복할 수 있을까요?"를 흥분상태로 힘을 주어 얘기하면 청자들에게 분명한 의미를 실어줄 수 있다.

이처럼 감정은 말에 생동감을 불어넣는다. 그리고 감정은 호흡과 밀접한 연관이 있다.

사람이 표현하는 감정은 대략 108가지 정도에 이른다.
이렇게 수많은 감정들은 크게 '긍정적 감정'과 '부정적 감정'으로 나눌 수 있다.

행복, 기쁨, 쾌락, 환희 등의 감정은 '긍정적 감정'이고 짜증, 분노, 우울, 슬픔, 오열 등은 '부정적 감정'에 포함된다.

스피치를 할 때 무미건조 한 것보다 이처럼 다양한 감정을 섞어서 표현하면 훨씬 생동감 있는 표현이 될 수 있다.

이때, 감정을 잘 표현하기 위해서는 호흡을 활용하는 것이 중요한 포인트이다. 기쁨, 설렘, 흥분 등의 감정에서는 들숨을 통해 즉, 감탄사를 활용해 호흡을 짧게 들이마시면 감정을 생동감 있게 전달할 수 있다.

또한 우울함, 미안함, 슬픔 등의 부정적인 감정에서는 날숨을 활용해 호흡을 내뱉으면서 가정을 표현하면 훨씬 생생하게 전달할 수 있다.

자, 실전 감정연습을 해 보자.

처음에는 낯설지만 기쁨, 환희, 우울, 분노, 슬픔, 행복 등의 다양한 감정으로 '안녕하십니까?' 라는 말을 해 보는 것이다.

그리고 점점 내용을 길게 하면서 즉 "안녕하십니까? 이 자리에 참석해 주셔서 감사드립니다. 저는 오늘 여러분들께 하고자 하는 이야기가 있어서 나왔습니다. 바로 '소통'입니다." 이 문장 안에 처음엔 웃음과 우울, 그리고 웃음, 흥분, 차분함 등으로 감정을 늘려나가는 것이다. 그리고 처음엔 감정을 천천히 변화시켜 보다가 익숙해지면 빠르게 감정을 바꿔본다.

다시 말하면 '안녕하십니까? 이 자리에 참석해 주셔서 감사드립니다.' 를 웃으며 얘기하고 '저는 오늘 여러분들께 하고자 하는 이야기가 있어서 나왔습니다.'를 차분히 얘기한다. 그리고 '바로 소통입니다.'를 힘을 주어 얘기한다.

또한 반대의 감정으로도 이야기를 해 보고 다양한 감정으로도 얘기해 보는 것이다. 처음에는 당연히 어색하겠지만, 연습을 통해 그 부자연스러움은 자연스런 표현으로 채워질 수 있다.

다음은 감정을 표현하기 좋은 남녀 영화, 연극 대사를 모아보았다.

집에서 혼자 연습하면서 영화나 연극의 주인공처럼 자꾸 따라 하다 보면 어느새 감정표현이 늘어있는 스스로를 발견하게 될 것이다.

다음은 감정표현 연습을 하기 위한 남녀대사를 모아보았다.

먼저 영화 '건축학개론에'서 납득이 역할과 '미녀는 괴로워' 하나 역할에 대해 감정을 어떻게 하는지 자세히 설명해 보았다. 이것을 참조해서 나머지 대사들도 연습을 하면 많은 도움이 될 것이다.

『건축한개록』 중, 납득이 - 영화

윤서연, 윤서연...(생각) 이름 괜찮네. 획수도 괜찮고,(과감하게) 일단 소주 한병을 사. 그리고 걔네 집 앞에 가는거야. 가서 소주를 병나발로 딱! 불고..(천천히)전화를 해. 받잖아? 그럼 딱!(여유있게)집 앞이다. 잠깐 나와.(단호히) 그러고 그냥 딱! 끊어. 그냥. 그냥 끊어. (아는 듯이)그럼 그사람이 궁금하게 돼있어. 갑자기 왜?(궁금해서)이러면서 나오게 돼있어. (강조)근데 너한테 술 냄새가 팍 날 꺼 아니야.(확신에 차서) 그럼 일단 쫀다고, (되물으며)납득이 안 되잖아? (궁금해서)갑자기 와서 술 냄새. 뭐지 이거. 낯선데..(과감히) 그때. 딱 다가가, 딱 다가가, 그럼 걔가 첨엔 무서우니까..(여유있게) 뒤로 슬슬 물러난다고.

『미녀는 괴로워』중, 한나

너무 부족한 게 많아서 헤어지셨어요? (무섭기까지 한 미소) (차분하게) 왜 벌써 헤어지셨어요. (화를 누르며) 왜 살 빼는게 싫어서 그러셨어요? (부드럽게) 살 빼면 오빠 화낸다. 그러셨잖아요? (정색하며)
차라리 뚱뚱해서 싫다고, 물건이나 좀 팔아달라고, 솔직하게 말씀하시지..(화가 치밀어올라)
사랑하는데 왜 헤어지니 이자식아!!1(숯검댕이를 패기 시작한다)
(억울해서) 뚱뚱하다고 바보냐, 바보야? 왜 애를 두 번 죽이세요!!! 이 나쁜 놈아! (따지며) 뚱뚱한 게 죄니? (강하게) 못생기면 사람도 아냐? 별레야? 호구야? 우리도 여자야!

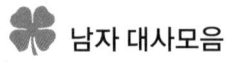 남자 대사모음

『국가대표』중, 방코치 - 영화

저 천마산 어린애들 코 묻은 돈 빨아먹던 놈이었습니다. 그 버러지 같은 놈... 불러다가 국가대표 코치 시켜주신 거... 그 은혜 죽을 때까지 못 잊을 겁니다. 근데요... 지 엄마 찾겠다고 자기 버린 나라 국가대표 하겠다는 놈, 동생이랑 가는 귀 먹은 할망구 때문에 군대 면제 받아야 된다는 놈... 제가 다 가르쳐 준대로 새빨갛게 구라 쳐서 대표 시켰습니다. 근데요... 쟤네들 이번에 올림픽 못 나가면 저 죽을 때까지 원망할 겁니다. 그리고, 저도 위원장님 죽을 때까지 원망할 거고요... 제가 할 수 있는 모든 미친 짓 다해서 위원장님 아주 평생 저주할 겁니다.

『고지전』중, 일영 - 영화

우리 중대는 이 동부전선에 배치되어 미군들로부터 악어중대라는 별명으로 불리게 되었다. 왜 악어인지 아는 사람? (앞에서 군인들이 하나둘씩 망연자실한 표정으로 주저앉는다) 악어는 50개정도의 알을 낳는다. 그중 절반이상이 다른 짐승한테 먹힌다. 그리고 간신히 알에서 나온 새끼악어 대부분이 다른 짐승의 먹이가 되고 고작 한두 마리가 어른악어로 변한다. 근데 말이야... 그 한두 마리가 50개의 알 중에서 살아남은 고작 그 한두 마리가 늪을 지배 한다 그게 악어다! 이게 이 전쟁에 마지막 전투다! 이렇게 전선이 교착된 그 2년 6개월 동안에 50만 명이 죽었다! (주저앉아 있던 군인들 일어섬) 하지만 우리는 살아남았다. 우리가 악어고 우리가 전장을 지배한다! 알겠나? 누가 가장 독한가? 12시간만 버텨라! 살아서 집에 가자.

『별에서 온 그대』중, 휘경 - 드라마

나 너한테 얻어맞을 각오하고 한마디 할게. 난 요즘 네가 힘든 게 좋다. 너한테 안 좋은 일 생긴 거 솔직히 좋아. 내가 해줄 수 있는 것들이 생기니까. 비집고 갈 틈이 생기니까. 나 못됐지. 근데 이런 것도 사랑이라고 쳐주면 안 되겠냐? 15년 동안 장난치듯이 고백해온 거 정색하고 했다가 네가 거절하면 너 계속 보기 어려울까봐 그랬어. 이런 찌질한 마음도 사랑이라고 쳐주면 안 될까? 너는 내 앞에서 우는 건 자존심 안 상한다고 했잖아. 어렸을 때부터 이 꼴 저 꼴 다 보여줘서 내가 편하다고 했잖아. 그것도 우리 사랑이라고 치자. 사랑이라고 생각하고 나한테 와. 너, 네 가족 죽는 날까지 내가 책임질게. 넌 네가 하고 싶은 대로 다 하면서 살아. 내가 그렇게 만들어 줄게.

『유리동물원』중, 톰 - 테네시 윌리엄즈

난 어떨 거라고 생각하세요. 참을 수 있을 거라고 생각하세요. 그렇겠죠. 그러실 거예요. 어머닌 내가 하고 있는 일, 내가 하고 싶어 하는 일 따위엔 관심도 없으니까요. 어머닌 중요하게 생각하실지 모르겠지만 난 내가 하는 일이 맘에 들지 않아요. 어머닌 내가 그놈의 창고에 환장한 줄 아세요? 내가 그 양화점을 좋아하는 줄 아세요? 어머닌 내가 거기서 평생을 살 거라고 생각하세요? 베니다판과 형광등만이 달린 그 창고 속에서. 제 말 좀 들으세요. 난 아침마다 그곳으로 출근하는 게 넌덜머리가 나요. 차라리 누군가 쇠망치로 내 골통을 박살내주면 속이 후련하겠어요.

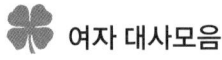 여자 대사모음

『가을 소나타』중, 에바- 잉그마르 베르히만

엄마에게 있어서 나라는 존재는 그저 시간 있을 때 잠깐 가지고 노는 인형에 불과했어요. 내가 귀찮게 굴거나 아파서 칭얼대면 엄만 항상 날 유모나 아빠에게 건네 줬죠. 엄만 아무도 들어갈 수 없는 방에서 혼자 연습만 했고, 그걸 누구도 방해할 수 없었어요. 난 숨을 죽이고 문밖에서 엄마의 연습을 엿듣곤 했죠. 커피를 마시느라고 엄마가 잠깐 연습을 쉬면 엄마란 존재가 정말 현실인지 아니면 내게 있어서 엄마란 그저 꿈에만 존재하는 몽상 같은 것인지 알고 싶어서 몰래 들어다 보곤 했어요. 엄만 늘 마음은 딴 곳에 있으면서도 내겐 친절했죠. 마루에 무릎을 꿇고 앉아 의자에 앉은 엄마를 올려다보곤 했죠. 키가 크고 아름다웠던 엄마를.

『내 아내의 모든 것』중, 정인 - 영화

최근에 아주 절실히 깨달았어요. 제가 낙천주의자를 혐오한다는 걸요. 세상을 어떻게 낙천적으로만 살 수 있죠? 그건 거짓말이에요. 길들여진.. 제가 얼마 전에 친구를 만났는데 교통사고를 당했다는 거예요. 엉덩이부터 발목까지 깁스를 했더라고요. 그런데 그 애 말이. 그래도 이거 운 좋은 거야. 이러는 거예요. 근데 그게 어떻게 운이 좋은 거예요? 세상에 운 좋은 사고가 어디 있어요? 제 말은 왜 세상을 좋게만 보려는 거죠. 그렇게 큰 사고를 당하면 이렇게 말하는 게 상식 아닌가? "더럽게 재수 없네." 전 불평불만을 입에 달고 사는 사람들이 좋아요. 솔직한 거지. 얼마 전에 삼겹살을 먹으러 갔다가 전 진짜 깜짝 놀랐어요. 간판에 분홍색 여자 돼지가 파란색 앞치마를 두르고 불판에서 춤을 추고 있는 거예요. 불판에서 춤을 추고 있는 돼지가 다 익은 삼겹살을 이렇게 들고 있는 거예요. 전 채식주의자도 아니고 고기 마니아인데요. 그래도 돼지에 대한 예의라는 게 있는 거 아닌가요? 설마 개가 자기 친구들 요리된 걸 보고 '맛있어요. 이쪽으로 오세요.' 하면서 춤추면서 꼬시겠어요?

『손톱』중, 혜련 - 영화

왜 그렇게 놀래니? 넌 내가 정신병동에서 영원히 썩어 없어질 줄 알았니? 이 나쁜 년.....내가 때 마침 아주 잘 왔구나, 애까지 뱄네? 기분이 어때? 넌 아직도 내가 쓰레기로 보여? 무슨 말? 날 이렇게 짓밟아 놓고도 할 말이 남아있어? 난 더 이상 들을 말이 없어. 이제 남아있는 건 내 손에 죽어주는 것뿐이야. 고통스럽게, 아주 천천히 말야........ 너 저게 뭔지 알아? 기름이야....... 저 걸루, 니가 뻐기고 자랑하던 이 모든 것들을 싸글히 태워줄꺼야....... 그리고 넌 그걸 끝까지 지켜보면서 죽어줘야 해. 이 나쁜 년! 난 널 이렇게 죽이고 싶은 생각이 없다고 했잖아! 난 아직도 너에게 할 말이 남아있어.......처음에 니가 아는 척만 안 했어도 이런 일은 없었을 거야. 왜 그때 날 그냥 가게 내버려두지 않았지? 넌 이 모든 걸 자랑하고 싶었던 거야. 아니긴 뭐가 아냐! 난 널 용서할 수도 있었어. 하지만, 넌 날 끝까지 무시하고   모욕했어. 이 모든 건 다 너 때문이야! 니가 나한테 조금만 양보하고 겸손했어도, 난 이렇게 망가지지 않았을 거야. 세상은......... 너무 불공평해..........

『연애의 온도』중, 장영 - 영화

내가? 내가 내 맘대로라고? 하나부터 열까지 다 맞춰주고 있는데 내 맘대로 라고?말 한마디라도 실수할까봐 내가 또 뭘 잘못이라도 해서 옛날처럼 될까봐 아무것도 안하고 있는데, 뭐가 내 맘대로라는 얘기야? 너야말로 솔직해져봐. 억지로 나와서 억지로 즐거운 척하면서 사람 피 말리지 말고 처음부터 나오기 싫었다고 나랑 있는거 좋지도 않다고 솔직하게 말이라도 하라고. 너 맨날 이러는 거 알아? 옛날부터 지금까지 툭하면 사람 눈치 보게 만들면서 힘들게 하더니 결국, 결국엔 너 변한 거 하나도 없어. 아무리 시간이 지나도 그대로야. 나 혼자서 어떻게 해보려는 것도 지쳤고, 진짜 지긋지긋해. 헤어지고 싶다고 그냥 말해.

7 생생한 화법

비언어적인 표현 중에 또 하나는 바로 '화법'이다. 화법은 말하는 방법을 얘기하는 것으로써 말을 빠르게, 느리게, 강하게, 약하게, 높고, 낮게 하느냐에 따라 말의 느낌이 달라진다.

감정을 표현하는 데 있어서 감정 자체를 드러내고 숨기는 것도 중요하지만 말을 할 때의 강약과 고저, 템포를 활용해서 얘기할 때 감정이 더 생생하게 전달될 수 있기 때문에 화법 역시 중요한 비언어적인 표현이 될 수 있다. 예를 들면, 같은 말을 해도 귀를 기울이게 하는 매력적인 대화를 하는 사람이 있고 자리를 피하게 하고 싶게 하는 대화를 하는 경우가 있다.

비언어적인 화법의 비밀은 말의 리듬과 템포이다.

그렇다면 대화를 할 때 리듬과 템포는 어떻게 만들어 가는 것일까?

위의 그림처럼 음악을 연상하면 된다. 재밌게 그리고 인상적으로 말하는 사람들의 특징을 들여다보면 인상적인 리듬이 있다. 예컨대 "제가 그 부분에 대해 실수를 한 것 같습니다."라고 말을 할 때, 어디서 강조가 되어야 할 지, 그리고 어떤 부분을 세게 말할 것인지, 어떤 말에 높낮이를 둘 것인지를 연습해 나가는 것이다.

즉, 리듬과 템포는 음의 높낮이, 음의 강약, 음의 장단, 음의 빠르고 느리기 등으로 표현될 수 있다. 그리고 이 말의 '리듬과 템포'가 화술에 해당한다.

"제가 그 부분은 오해를 한 것 같습니다."라는 말을 갖고 실전 대화 화술 훈련을 해보자.

'제가'를 내린다. 그리고 '그 부분은'을 올린다. 그리고 '오해를 한 것 같습니다.'를 천천히 얘기한다. 그럼 음의 높낮이가 생기면서 자연스레 강조될 수 있다.

강약도 마찬가지이다.
'제가'를 약하게 얘기한다. '오해를 한 것 같습니다.'를 강하게 얘기한다. 그럼 '오해를 한 것 같습니다.'가 더 강조될 수 있다. 이 때 주의할 점은 모든 말에 강조를 두어서는 안 된다는 것이다.

그렇게 되면 그것 역시 지루함을 주게 된다. 강조하는 말을 강조하고 강조하지 않을 말들은 흘리는 것이다. 말의 강약, 빠르기 등을 생각해서 여기서의 주제어인 "지금"을 더 강조하고 이 부분을 때로는 천천히 때로는 빠르게 때로는 정적을 두기도 해서 자연스레 리듬과 템포를 만드는 것이다.

이것이 바로 비언어적인 표현을 생생하게 전달하는 리듬과 템포의 기술이다.

높낮이와 빠르기는 말에 생동감을 주고 강약과 강조는 말에 신뢰와 감동을 준다.
보고서나 직장에서 프레젠테이션을 할 때는 강약과 강조를 동원한 신뢰감을 주는 화법, 생동감을 주는 자리에 있어서는 고저와 빠르기를 활용한 화법, 즉 말하는 환경에 따라 적재적소의 화법을 활용하는 사람이 비언어적인 화법을 생생하게 구사하는 사람이다.

안녕하세요. 저는 OOO입니다. 오늘 이렇게 여기에 서니
무슨 말을 해야 할지 **낯설고 긴장되네요.**
저는 감정을 표현하는 것이 어색해서
사회생활을 하는 데 애를 먹기도 합니다.
그래서 감정을 표현하는 연습을 하려고 합니다.

우리가 말을 할 때 신뢰감을 줄 것인지, 생동감을 줄 것인지에 따라 말의 높낮이와 빠르기 그리고 강약을 조절할 수 있다. 높낮이와 빠르기가 말을 생생하게 전달하기 위한 생동감을 부여한다면 강약은 청중을 집중시키는데 활용할 수 있다.

위 부분 중에, "무슨 말을 해야 할지 낯설고 긴장되네요."라는 말을 갖고 실전 대화 화술훈련을 해보자.

'무슨 말을 해야 할지'를 올린다. 그리고 '낯설고'를 살짝 내린다. 그리고 '긴장 되네요.'를 차분히 얘기한다. 그럼 음의 높낮이가 생기면서 자연스레 강조될 수 있다.
강약도 마찬가지이다. '무슨 말을 해야 할지'를 강하게 얘기한다. '낯설고 긴장되네요.'를 약하게 얘기한다. 그럼 '낯설고 긴장되네요.'의 느낌이 더 생생하게 전달될 수 있다.

우리는 과거나 타인과 비교를 합니다. '예전에는 잘나갔었는데…',
'내 친구 진수는 잘살던데…'라는 비교를 하고는 합니다.
그런데 비교를 하면 할수록 열등감이 생깁니다. 열등감이 생기기 때문에
스스로 불행하다고 생각하는 것입니다. 비교만큼 나쁜 것은 없습니다.
자신의 자존감과 자신감을 갉아먹기 때문입니다. 그래서 행복하기 위해서는
주체적인 의식과 생각이 중요합니다.

위의 부분은 음의 고저 즉, 음의 높낮이를 활용하는 방법이다. 높낮이와 빠르기는 말을 생생하게 전달하는데 매우 유용할 수 있다.

'우리는 과거나 타인과 비교를 합니다.'를 낮은 음으로 '예전에는 잘나갔었는데'를 높은 음으로 말해보자. '그런데 비교를 하면 할수록 열등감이 생깁니다.' 부분을 서서히 높게 음을 올리면서 말하고 '비교만큼 나쁜 것은 없습니다.' 부분을 천천히 낮게 얘기한다.

마지막으로 '그래서 행복하기 위해서는 주체적인 의식과 생각이 중요합니다.' 부분을 천천히 음을 올리면서 얘기하는 것이다.

물론 어디서 올리고 어디서 음을 내리는지는 명확한 해답은 없다. 화술에서 중요한 부분은 문법 단위로 말을 하는 것이 아니라 의미 단위로 말을 전달하는 것이다. 즉, 화자가 말을 하다가 강조하고 싶은 부분을 강하게 얘기하거나 말을 올리거나 또는 내리기도 하며 때로는 빠르게 때로

는 천천히 강조하는 것이다. 왜냐하면 우리는 말을 할 때 모든 부분에서 강조를 하는 것이 아니라, 중요하게 생각하는 부분을 집중해서 얘기하기 때문이다.

화법은 감정표현과 더불어 함께해야 그 생생한 느낌을 보다 더 잘 전달할 수 있다. 그렇기 때문에 감정표현과 같이 연습을 하는 것이 비언어적인 표현을 잘하는 방법이 될 수 있다.

8 생동감 있는 제스처

> 1. 감사해요 2. 아니요 3. 잠깐만 4. 그만해 5. 미안해 6. 정말

감정 표현을 잘하는 사람의 특징 중에 하나가 같은 말을 하더라도 제스처 및 손짓, 몸짓을 생동감 있게 표현한다는 점이다. 아무리 대화의 내용이 좋고, 좋은 소리로 말을 했다하더라도 시각적인 효과를 더 하냐 못하냐에 따라 말의 감칠맛이 더 어우러지기도 하고 효과가 반감되기도 한다.

제스처는 화자의 말을 손짓과 몸짓을 통해 표현하는 것이다. 이 제스처는 단어에 대한 몸짓, 상황에 대한 몸짓으로 또 나뉠 수 있다.

가령, "재미있고 건강하게 사는 것이 중요합니다."라는 주제를 가지고

제스처를 한다면 '중요합니다.'를 표현함에 있어서 엄지를 치켜든다거나, 또는 고개를 한 번 끄덕거리는 것처럼 단어에 대한 제스처를 할 때, 이를 '말 제스처'라고 할 수 있다.

이에 반에 몸 제스처는 "예전에 자전거를 타고 가다가, 사고가 날 뻔한 적이 있었습니다."라는 것을 표현할 때 손으로 자전거를 타고 달리는 모양이라든지, 사고가 날 뻔한 장면을 손짓과 몸짓으로 표현하는 것을 '상황에 대한 제스처'라고 할 수 있다.

말을 잘하는 사람, 대화의 주목을 이끄는 사람의 제스처는 생생하다. 그래서 그들의 제스처를 따라 해서 연습해 보는 것만으로 누구나 호감을 얻을 수가 있다.

움직임은 기본적으로 직선과 곡선, 정적과 동적인 움직임으로 나눌 수 있다. 직선의 움직임은 평행선, 대각선, 사각형 등의 형태로 표현할 수 있다.

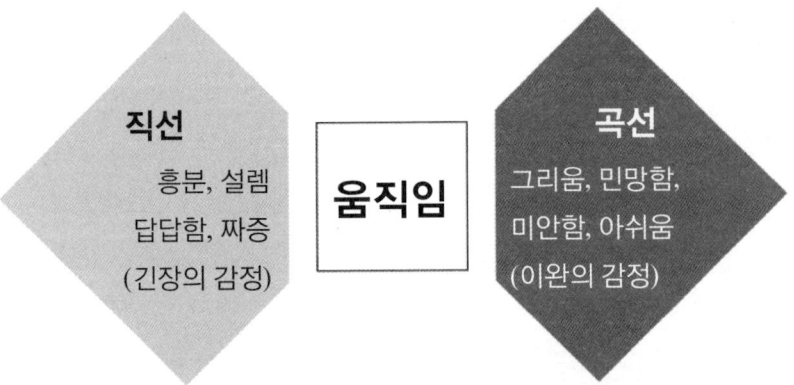

직선의 움직임은 흥분, 설렘, 답답함, 짜증 등과 같은 강한 감정과 연관이 있고 곡선의 움직임은 그리움, 민망함, 미안함 등의 부드러운 감정과 관련이 있다.

또한, 직선과 곡선의 움직임은 호흡에서의 들숨과 날숨과 함께 표현될 때 시너지 효과를 발휘할 수 있다.

즉, 직선과 들숨은 역동적인 느낌, 곡선과 날숨은 정적인 느낌을 주기 때문에 그러한 부분을 잘 활용해서 적용했을 때, 감정을 느끼고 상대방에게 표현하는데 수월할 수 있다는 얘기이다.

직선의 움직임은 강한 느낌을 주고, 곡선의 움직임은 부드러운 느낌을 준다. 동적인 움직임은 역동성을 정적인 느낌은 온화함을 준다. 따라서 이러한 움직임의 특징을 잘 이해하고 표현하는 것이 중요하다.

직선의 움직임	↓	강한 느낌
곡선의 움직임	⌒	부드러운 느낌
바깥에서 안쪽	←	내향적인 느낌
안에서 바깥	→	외향적인 느낌
위에서 아래	↓	고압적인 느낌
아래에서 위	↑	부추기는 느낌

위에서 아래, 안에서 바깥으로 움직임이 있을 때, 상대방에게 강한 느낌을 준다. 보통 선거 연설에서 청중들에게 강한 인상을 심어줄 때 많이 쓰는 비언어 표현방식이다. 곡선의 느낌은 부드러운 느낌을 준다. 상대방을 부드럽게 소개할 때 원의 느낌으로 표현할 때 많이 쓰이는 방식이다. 또한, 바깥에서 안쪽으로 제스처를 할 때는 내향적인 느낌을 주고 안에서 바깥쪽으로 펼칠 때는 외향적인 느낌을 준다.

이처럼 움직임과 제스처를 이해하면서 비언어적인 표현으로 활용하는 것이 중요하다.

제스처를 연습하는 방법은 다음과 같다.

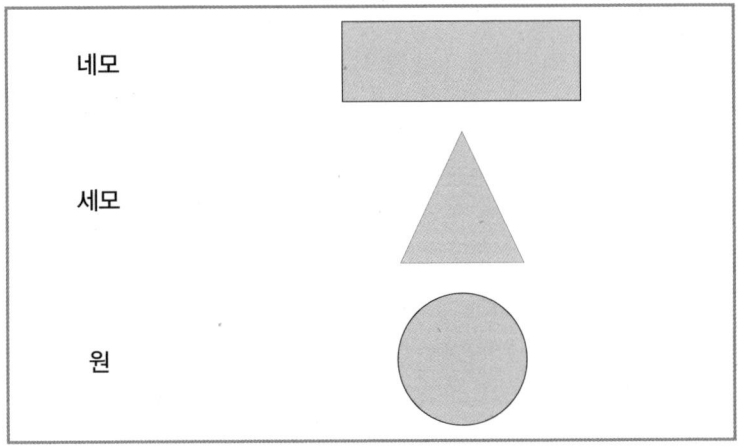

먼저 손을 펴서 모은 채로 허공에 네모를 정성껏 그려본다. 이때 주의할 점은 손끝의 움직임이다. 손끝의 움직임에 중점을 두고 가슴에서부터 느낌이 살아 움직여 손끝까지 그 느낌이 세심하게 살아있게끔 움직이는 것이 포인트이다.

이번에는 원을 마찬가지로 정성스럽게 그려본다. 최대한 원의 형태를 생각하면서 손끝으로 가장 정확한 원을 그린다. 이때 최대한 부드러우면서 섬세하게 원을 그려야 한다.

그리고 다음에는 앞에 어떤 사물이든 놓아본다. 예를 들어 가방, 전화기 등의 흔한 물건들을 놓고 똑같이 그려보는 것이다. 그렇게 되면 손의 감각이 키워지게 된다. 그렇게 자꾸 사물을 갖고 똑같이 손으로 그려보면 손의 느낌이 섬세해 지는 것을 느끼게 될 것이다.

이때 주의할 점은 모든 것을 설명하면 안 된다는 것이다.

모든 것에 대한 설명을 제스처로 한다면 오히려 설명이 조잡해져서 시선이 더 분산되기 마련이다. 따라서 강조할 부분, 꼭 필요한 부분을 보다 감칠 맛나게 설명하기 위해 필요한 부분이 제스처라고 얘기할 수 있다.

다음의 설명대로 제스처를 연습해 보면 많은 도움이 될 것이다.

안녕하세요 저는 ooo입니다. (인사하며)
너무나 좋은 분들이 많이 계신 것 같아 설렙니다. (손을 앞으로 내밀며)
저는 상황에 따라서 감정을 표현하고 숨기는 법을 (하나씩 가리키며)
배우고 싶어서 여기에 오게 되었습니다. (한 손을 내밀며)
여러분들과 더불어 열심히 배워나가겠습니다. (사람들을 가리키며)
많이 도와주세요. (인사하며)

'자기소개'를 하는 상황이다. 감정표현과 더불어 제스처를 잘 활용했을 때 그 비언어적 표현의 효과는 배가 될 수 있다. 처음엔 공손히 인사를 하며 소개를 한다. 그리고 자신의 긴장되고 설레는 감정을 표현할 때는 손짓으로 앞으로 내밀면서 느낌을 말한다. '여러분들과 열심히 배워나가겠습니다.'라고 각오를 말할 때는 사람들을 공손히 가리키며 미소를 띠며 말한다. 감정표현과 함께 제스처를 활용해서 자기소개를 하게 되면 훨씬 더 구체적인 느낌이 전달될 수 있다.

환경 미화원이 거리에서 청소를 하고 있었습니다. (한 손 올리며)
어떤 부모는 자식에게 "나중에 커서 저렇게 되면 안돼." (손으로 가리키며)
라고 말하는 사람이 있는 반면, 또 어떤 부모는 (한 손 올리며)
"저런 분이 계셔서 우리가 이렇게 깨끗한 거리를 걸을 수 있는 거야."
(손을 얹으며)
여러분은 자식에게 어떤 말을 하시겠습니다? (양 손 펼치며)

선입견을 두면 안 된다는 얘기를 하는 상황이다. 현재 우리나라의 문제점 중 하나가 높은 부패지수와 더불어 획일화된 정답주의와 간판주의에 있기 때문에 다원화를 인정하자는 얘기이다. '환경미화원이 청소를 하고 있었다.'라는 말에서는 한 손으로 사람들에게 예시를 보여주는 느낌으로 말하고 '나중에 커서 저렇게 되면 안 돼.'라는 말에서는 환경미화원을 가리키며 얘기를 해야 하고, '우리가 이렇게 깨끗한 거리를 걸을 수 있는 거야.'라는 부분에서는 감사하는 마음을 실어서 손을 얹으면 효과가 배가 된다. 제스처는 정답이 없다. 비언어적인 표현은 하나가 아니라 둘 이상이 합쳐졌을 때 더욱 느낌이 생생해 지는 것이기 때문에 함께 활용하는 연습을 하도록 노력하자.

> 우리는 과거나 타인가 비교를 합니다. '예전에는 잘 나갔었는데...', 내 친구 진수는 잘살던데...'라는 비교를 하고는 합니다. (두 개를 비교하며) 그런데 비교를 하면 할수록 열등감이 생깁니다. (손으로 주목시키며) 열등감이 생기기 때문에 스스로 불행하다고 생각하는 것입니다. (강조하며) 비교만큼 나쁜 것은 없습니다. (손으로 저으며) 자신의 자존감과 자신감을 갉아먹기 때문입니다. (손을 떨어뜨리며) 그래서 행복하기 위해서는 주체적인 의식과 생각이 중요합니다. (하나씩 가리키며)

행복이 중요하다는 강조해서 말하고 있는 부분이다. 비교를 통해 열등감이 생기고 불행해진다는 의미이다. 즉, 말하고 싶은 부분은 돈이 사람보다 우선시되면 안 된다는 얘기를 하는 것이다. '열등감이 생기기 때문에 스스로 불행하다고 생각하는 것입니다.'라는 말을 할 때는 손으로 집어주며 주위를 환기시킨다. '주체적인 의식과 생각이 중요합니다.'라는 말에서는 하나씩 가리키며 표현하면서 말한다.

우리가 누군가에게 얘기할 때에 생생한 감정을 느낄 때는 언어보다 비언어적인 표현에서이다. 가령, "네가 좋아."라는 말 자체만으로는 감동을 주기 어렵다. 하지만 "네가 좋아."라는 말을 할 때의 그 사람의 음성의 떨림과 손짓 그리고 얼굴표정의 진실함과 순수함이 감동을 주는 것이다.

따라서 상대방에게 감정표현과 음성 그리고 제스처 등 바로 이러한 비언어적인 표현을 잘해야 하는 것이다.

이처럼 생생한 감정과 매력적인 화법과 그리고 제스처로 생동감 있게 얘기를 한다면 대화에 생기가 생겨 듣는 이에게 생생한 느낌을 전달할 수 있다.

part 3
감정 표현 기초

1 호흡과 감정

우리 인간은 끊임없이 진화해 왔다.

철학적으로도 플라톤, 아리스토텔레스, 칸트가 초석이 되고 베이컨과 로크의 경험론을 거쳐서 후설의 현상학과 인식론까지 점점 사실적이고 섬세하게 깊이를 더하고 있다.

또한 의학적인 영역도 탐구와 실험을 통해 인간 수명을 100세까지 끌어올릴 정도로 비약적인 발전을 거듭해 왔다.

그리고 과학의 비약적인 발전으로 인해 컴퓨터, 스마트폰, 로봇기술, 나노기술 등을 비롯해 이성적인 부분은 첨단을 걷고 있다. 그리고 앞으로 그러한 발전은 더욱 박차를 가할 것이다.

하지만 로봇이 이성적인 부분을 인간과 비슷하게 시스템화 할 수는 있지만, 아직까지 인간을 따라잡지 못한 부분이 있다. 그것은 바로 '감정'이다.

우리가 어떤 사물을 볼 때, 오감으로 그 사물을 느끼고 뉴런신경을 통해 중추신경으로 전달하고 다시 중추신경의 판단으로 운동신경에 명령을 내리는 과정을 '인지'라고 한다. '인지'와 유사한 의미지만, '인식'은 감각과 감정을 바탕으로 뇌에서 인지를 하는 과정을 말한다. 여기서 인식이 바로 감각과 감정을 모두 포함하는 의미로써 사용되는 것이다. 철학적으로 현상학과 인식론이 바로 그러한 과정을 깊이 다루는 학문이다.

그런데 여기서 중요한 부분은 바로 감정을 바탕으로 하는 인식이다. 이 감정이라는 인식은 후행적 즉, 감각으로 인해 수반되는 그 무엇이다.

예컨대 어떤 직장인이 길을 지나가다가 지갑을 주었다고 가정해보자.

길을 가면서 '오늘 회의 하는데 어제 보고서 마무리 잘 했겠지?'라는 생각을 하고 있다. 그런데 앞이 지갑이 떨어져 있는 것이다. 그 지갑을 보는 것을 발견이라 한다. 그리고 즉각적인 흥분을 한다. 이 즉각적인 흥분을 감정이라고 한다. 즉, 발견은 인식에 해당하고 감정은 인식으로 인한 반응에 해당한다. 그렇기 때문에 감정은 후행적이면서 즉각적이고 주관적일 수밖에 없다.

이 즉각적이면서 주관적인 감정은 뇌의 중추신경의 영향을 받는 것이 아니라, 우리 몸을 보호하고 일정한 상태를 유지하도록 간뇌와 시상하부 그리고 척수를 통해 이어지는 자율신경계의 영향을 받는다. 공이 날아올 때, 몸을 다치지 않기 위해 즉각적으로 반응하는 것, 소변이 마려울 때 바로 신호가 오는 것 등이 우리 몸의 항상성을 유지하기 위함이다.

이 자율신경에 교감신경과 부교감신경이 있는 것이다. 교감신경은 우리의 몸을 방어하기 위해 긴장을 유발하는 성질이 있고, 부교감신경은 우리의 몸을 원래대로 회귀하기 위해 이완하는 성질이 있다.

다시 길을 가다가 지갑이 떨어져 있는 것을 발견하는 상황으로 가보자. 길을 가다가 우연히 무엇을 발견했다. 이때 무언가에 대해 몸을 방어하도록 교감신경이 작동하면서 몸에 긴장을 유발한다. 하지만 자세히 보니 지갑이다. 긴장감은 살짝 안도감으로 바뀐다. 이러한 부분을 길항작용이라고 한다. 즉, 교감신경과 부교감신경은 서로 반대로 작용하려는 경향이 있다. 그 지갑 안에 무엇이 들어있는지를 보니 현금이 가득하다. 그 돈을 보니 가슴이 뛴다. 긴장감이 안도감으로 바뀌고 다시 설렘으로 바뀌는 과정이다. 그러면서 도파민이라는 호르몬이 나오게 되고 행복한 감정으로 바뀐다.

인간의 신체는 이처럼 매우 복잡 미묘한 체계를 이루고 있다. 특히, 감정과 연관이 있는 자율신경계는 최고로 복잡하면서 섬세한 시스템으로 이루어져 있다. 이러한 메커니즘과 시스템을 정확히 알고 있어야 감정을 드러낼 때와 숨길 때의 교감과 부교감신경의 역할을 이해할 수 있고 그로 인한 처세를 현명하게 할 수가 있다.

우리는 다양한 상황에서 때로는 감정을 숨겨야 할 때와 감정을 드러내야 할 때를 알고 있음에도 불구하고 감정조절을 못해서 현명하지 못하게 상황을 끌고 가는 경우가 많다.

가령, 직장에서 때로는 싫어하는 상사 앞에서 웃음을 보여야 할 때도 있음에도 감정 표현이 안돼서 애를 먹는 경우가 있다.

그리고 얘기를 하다가 화가 머리끝까지 차오르는데 얼굴이 붉으락푸르

락해서 상대방에게 내 감정을 다 들키는 경우도 있다.

결국, 감정조절을 잘 하지 못하게 되면 다양한 상황에서 애를 먹기 때문에 인간관계에서 주도권을 잡지 못하는 경우가 생기게 된다.

과연 감정조절을 마음먹은 대로 할 수 있는 사람이 있을까?
감정조절이 힘든 이유는 감정자체가 외형적으로 보이는 것이 아니라 내면적인 것이기 때문이다.

그렇기 때문에 우리는 외형적으로 보일 수 있는 것을 조절하는 방법을 채택해야 한다. 바로 그러한 방법이 '호흡'이다.

먼저, 직장 상사에게 질책을 들었다고 가정해보자. 그때의 신체와 호흡의 변화를 살펴보자.

> **반응 → 교감신경 → 긴장 → 불안정 호흡**

직장 상사가 "일을 그런 식으로 밖에 못해?"라는 얘기를 할 때 우리는 몸의 긴장을 느끼게 된다. 그리고 그 긴장은 불안정한 호흡을 일으킨다.

이번에는 일을 마치고 집에 들어와서 소파에 앉는 상황이라고 가정해보자.

소파에 앉는 순간 몸의 이완이 느껴질 것이고 호흡 역시 편안하게 될 것이다.

> 반응 → 부교감신경 → 이완 → 안정호흡

우리가 감정이라고 하는 것은 후행적인 작용이라고 해도 과언이 아니다. 왜냐하면, 감정은 자발적으로 생기는 것이 아니라 어떤 반응을 통해 느껴지는 것이기 때문이다. 즉, 우리가 지나가다가 어떤 모서리에 부딪힌다고 생각하자. 부딪혔을 때 신경을 통해 '통증'이라는 것을 느낀다. 그리고 그 통증을 이완시키기 위해 즉, 신체의 평형상태를 위한 메커니즘이 작용한다. 이러한 메커니즘을 '항상성'이라고 얘기한다. 그리고 그 항상성은 특히 자율신경을 통해 나타날 수가 있다.

왜냐하면, 대뇌로 이어지게 되면 시간이 길어지기 때문에 신체를 바로 방어할 수 있도록 간뇌와 연수를 통해 자율신경의 지배를 받게 되는 것이다. 신체의 방어를 담당하는 자율신경이 '교감신경'이고 신체의 이완을 담당하는 자율신경이 '부교감신경'이라고 생각하면 된다.

따라서 통증을 느낄 때 우리의 몸이 스스로 방어하기 위해 교감신경이 작동하고 또한 아드레날린이라는 호르몬이 분비가 되어 긴장 상태를 유지한다. 그래서 불규칙한 호흡이 생기고 '놀람'이라든가 '화'라는 감정이 후행적으로 느껴지게 되는 것이다. 그리고 긴장 상태가 계속 유지되는 것은 신체의 항상성을 파괴할 수 있기 때문에 시간이 갈수록 부교감신경의 영향을 받아 이완을 유지하게 되고 그때 '눈물'이라는 액이 분비가 되며 우리는 이러한 감정을 '슬픔'이라고 하는 것이다.

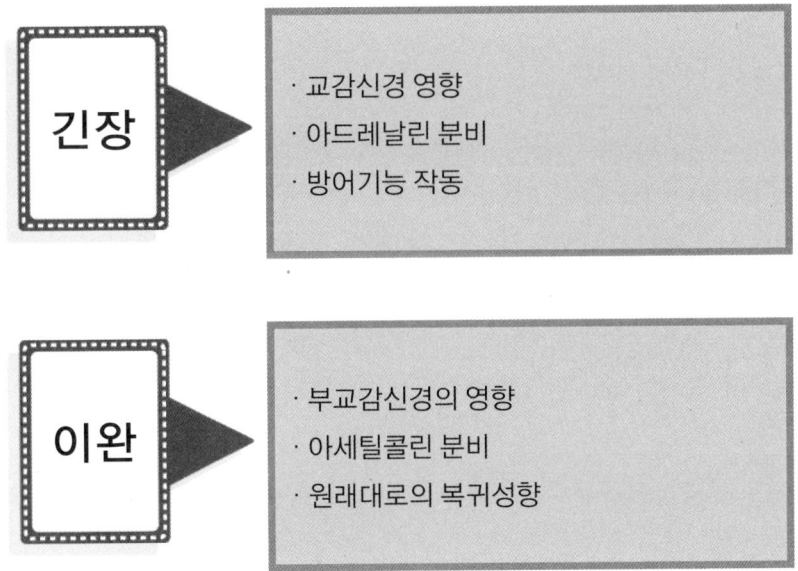

여기서의 핵심은 감정을 통제하는 것은 어렵다는 얘기이다. 더군다나 자율신경을 스스로 지배하는 것은 불가능에 가깝다. 그렇기 때문에 우리가 파블로프의 조건반사처럼 외형적인 것을 조절해서 감정을 지배하면 되는 것이다. 그리고 그러한 외형적인 방법이 바로 '호흡'이다.

2 들숨의 감정

들숨
기쁨, 설렘,
행복, 만족,
(긍정적 감정)

호흡

날숨
미안함, 동정심
우울함, 아쉬움
(부정적 감정)

호흡은 들숨과 날숨으로 규정할 수 있다. 들숨은 들어 마시는 숨 그리고 날숨은 내뱉는 숨이다.

여기서 중요한 것은 들숨은 주로 행복, 기쁨, 즐거움, 설렘 등의 긍정적 감정과 연관이 있고 날숨은 우울, 탄식, 실망, 아쉬움 등의 부정적인 감정과 관련이 있다는 것이다.

사람이 표현하는 감정은 총 108가지 정도가 있다. 그리고 간단히 '좋은 감정'과 '나쁜 감정'으로 나눌 수 있다.

행복, 기쁨, 쾌락, 환희 등의 감정은 '좋은 감정'이고 짜증, 분노, 우울, 슬픔, 오열 등은 '나쁜 감정'에 포함된다.

긍정적인 감정 즉, '행복', '기쁨', '즐거움' 등은 주로 호흡을 들이마시면 생긴다.

들숨의 감정은 주로 행복, 기쁨, 쾌락, 환희 등이 있다.

한국 사람은 행복한 표현에 서투르다. 왜냐하면, 어린 시절부터 기쁨을 표현하는 감정에 어색하기 때문이다. 그것은 유교의 교리에서 찾을 수 있다. 유교의 좋은 점도 많지만 참아야 하고 감정을 잘 표현하면 도리가 아니라는 것 때문에 감정, 특히 기쁜 감정에 서투른 부분이 많다.

'행복하다.'라는 말을 해보자. 생각보다 그 느낌을 전달하기가 어려울 것이다. '행복'이라는 말에 우리는 인색하고 또 사회가 전체적으로 행복하지 않기 때문이다.

여기서 '아.'라는 감탄사를 넣어서 '아. 행복해.'라고 말해보자. 처음보다는 '행복해'라는 말을 조금 더 마음으로 느낄 수 있을 것이다.

'행복해.'라고 할 때는 들숨을 통해 감정을 도와주는 것이 좋다.

이번에는 '즐거워.'라는 말을 해보자. 이 역시 쉽지 않을 것이다. 그래서 이번에는 '아.'라는 감탄사를 들숨을 통해 '아. 즐거워.'로 연계해서 표현을 해본다. 들숨이 감정을 자극하기에 조금 더 '즐거워.'라는 느낌이 생기기가 수월할 것이다.

호흡이 감정을 표현하는데 많은 도움을 주는 것에 대해서는 과학적으로 역학적으로 충분히 설명했다.

중요한 것은 이해를 하는 것이 아니라 표현을 하는 것이다. 그래야 다양한 상황에 맞춰 적용을 할 수 있게 된다.

3 날숨의 감정

부정적인 감정 '우울', '짜증', '분노', 등은 호흡을 내뱉으면 쉽게 감정이 생긴다. 특히 정적인 감정 '우울', '그리움', '불쌍함' 등은 호흡을 천천히 내뱉고, '분노'나 '짜증'은 호흡을 빠르게 내뱉으면 그러한 감정이 생긴다.

먼저 '우울하다.'라는 감정을 표현해 보자.

'우울하다.'라는 말을 내뱉어 보라. 그럼 일단 표정도 침울해지면서 톤도 가라앉게 된다. 그런데 여기에 '아..'라는 탄식을 넣어보면서 '우울하다.'라는 말을 같이 하는 것이다. 그렇게 말을 하면 '우울하다.'라는 말이 더 생생하게 전달될 수 있다.

마찬가지로 '짜증나.'라는 말을 해본다. 우리는 보통 '짜증난다.'라는 말을 하기 때문에 어렵지는 않을 것이다. 그런데 이때도 '아'라는 날숨을 통해 '짜증나.'라는 말을 결부시키면 짜증의 감정이 훨씬 더 강렬하게 느껴지고 전달이 된다.

그 이유는 바로 '호흡'에 있다. 호흡에 따라 긍정적인 감정이 나오기도 하고 부정적인 감정이 느껴지기도 하는 것이다.

따라서 우리가 억지로 미소를 짓거나 또는 웃어야 할 때는 들숨을 활용하고 화가 날 때나 기분을 가라앉힐 때는 날숨으로 감정을 지배하면 된다는 것이다.
들숨과 마찬가지로 날숨도 연습을 통해 더 생생한 감정을 표출할 수 있다.

어떤 사람은 이렇게 말하기도 한다. '나는 분명 화를 참고 있었는데 왜 들키지?'라고 말이다. 하지만 들킨다는 것은 감정이 밖으로 드러난다는 것이다. 그것은 안색을 통해, 미세한 움직임을 통해 그리고 호흡을 통해 표현된다.

그리고 상대방은 그러한 미묘한 비언어적인 표현을 감지한다는 것이다.

따라서 날숨이라는 호흡을 통해 짜증과 분노 등의 감정을 조절해야 감정 처세에 있어 능할 수 있게 된다.

4 감정표현 기초훈련

> 1. 좋았어 2. 아니야 3. 미안해 4. 고마워 5. 이해해

먼저 '좋았어, 아니야, 미안해, 고마워, 이해해.'라는 말을 가지고 감정을 표현해 본다.
여기서 중요한 점은 '좋았어.', '고마워.'는 들숨을 통한 감정표현을 '아니야.', '미안해.', '이해해.'는 날숨을 통한 감정표현을 해야 한다는 것이다.

처음에는 그냥 말만 해본다. 그리고 그다음은 호흡을 통해 말을 해본다. 예를 들어, '미안해.'라는 말을 할 때 처음엔 '미안해.' 자체의 의미만 담아서 얘기를 해보고 그것이 익숙해질 때, '아, 미안해.'라는 호흡을 연계해서 말을 해보는 연습을 하는 것이다.
'좋았어, 아니야, 미안해, 고마워, 이해해.'라는 말을 가지고 본격적인 감정을 표현해 본다.
여기서 중요한 점은 '알았어.', '고마워.', '그랬구나.'는 들숨을 통한 감정표현을 '됐어.', '미안해.'는 날숨을 통한 감정표현을 해야 한다는 것이다.

먼저 '좋았어.'를 가지고 감정을 표현해보자. 수긍을 하는 느낌으로 '좋았어.'라는 말을 해본다. 감정을 조금 더 제대로 표현하기 위해서 들숨

과 병행해서 '좋았어.'라는 말을 해본다. 그냥 호흡을 마시는 것이 아니라, 수긍의 느낌이 실려 있어야 한다.

또한, 제스처와 고개를 끄덕이는 비언어와 함께 표현하면 더욱 느낌이 배가 될 수 있다.

이번에는 '아니야.'라는 표현을 해보자. 여기서의 감정은 부정적인 느낌이 아니라 상대방이 무언가를 줄 때 조심스럽게 거절하는 감정표현이다.

먼저 말을 가지고 '아니야.'라고 표현하고 나서, 날숨과 함께 '아니야.'라고 말을 해보자. 말을 할 때와 호흡을 같이 할 때 어떻게 느낌이 달라지는지 체험하는 것이 중요하다.

다음은 '미안해.'라는 표현이다. 먼저 말로써 '미안해.'라는 느낌을 표현해 보고, 날숨과 더불어 '미안해.'라고 말을 해보자. 이때 진심을 담아서 날숨을 통해 감정의 도움을 받으면 그 효과는 배가 된다. 또한, 손짓과 더불어 비언어적인 표현을 병행할 때 미안한 감정으로 보다 수월하게 표현할 수 있다.

'고마워.'라는 말은 들숨을 활용한 감정표현이다. 특히 감사에 대한 표현에 어색해하는 사람들이 많다. 아마도 감사하다는 표현에 익숙하지 않아서 그런 감정을 밖으로 표현하는 것에 대해 낯설어 하는 경우가 대부분이다.

'고마워.'라는 말은 특히 들숨을 활용했을 때 많은 도움을 받을 수 있다.

그냥 감사의 표현은 상대방에게 아무런 느낌을 주지 못한다. 이때, 고개를 숙이면서 들숨과 더불어 감정을 표현하면 감사하다는 느낌이 훨씬 잘 전달될 수 있다.

마지막으로 '이해해.'라는 표현이다. 여기서의 감정은 수긍과 맞장구를 하는 느낌이다. '이해해.'를 말로만 할 때와 날숨을 통해 공감대를 형성하는 느낌을 비교해가면서 연습해보자. 또한, 고개를 끄덕이거나 손을 맞대며 얘기를 하면 시너지 효과가 나올 수 있다.

> 1. 설마? 2. 안 됐네 3. 그랬구나 4. 축하해 5. 진짜야

이번에는 '설마?', '안 됐네.', '그랬구나.', '축하해.', '진짜야.'라는 말을 가지고 감정표현을 해보자.

'설마?'라는 말은 상대방의 얘기를 잘 못 믿는 감정이다. 처음에는 그냥 '설마?'라는 말을 가지고 가볍게 부정하는 느낌을 표현해보자. 그리고 날숨의 호흡과 함께 부정하는 감정을 표현해보면서 말로만 했을 때와 호흡과 연계했을 때 느낌이 어떻게 달라지는지 느껴보자.

'안 됐네.'라는 말은 상대방의 얘기에 동정의 느낌을 말할 때 쓰는 표현이다.

감정표현의 기초에서 중요한 것은 바로 호흡을 통한 감정표현이므로 호흡이 감정표현에 어떠한 연관성이 있는지를 스스로 체득하는 것이 핵심이라 할 수 있다.

여기서 '그랬구나.'의 의미는 상대방의 말을 이해하고 공감하는 표현에 가깝다. 말로써 '그랬구나'를 했을 때와 날숨을 실어서 '그랬구나.'라는 말을 했을 때의 차이점을 비교하면 많은 도움이 될 수 있다. 또한, 고개를 끄덕이면서 동작의 비언어를 활용하면 효과적일 수 있다.

'축하해.'라는 말은 상대방의 어떤 소식에 맞장구를 치면서 하는 기쁨의 표현이다. 말로만 축하한다는 말을 할 때와 기쁨의 호흡인 들숨을 통해 말을 했을 때를 비교해보자. 그리고 박수를 치면서 호흡과 같이 병행하거나 양손을 들어 올려 반가움의 표시를 같이 하는 것도 도움이 될 수 있다.

'진짜야.'라는 말은 상대방이 내 말을 믿어주지 않을 때 자신의 말을 믿어달라고 확인시켜 주는 표현이다.

역시 말로만 확인시켜줄 때와 날숨을 통해 감정을 표현할 때의 느낌을 구분하는 것이 좋다. 그리고 거기에 맞는 다양한 제스처와 시선과 표정의 비언어를 활용하면 그 느낌을 보다 더 생생하게 상대방에게 전달할 수 있다.

1. 그래? 2. 맞아요 3. 너무해 4. 정말이야 5. 그럴리가

'그래?'라는 말은 상대방의 얘기에 놀라는 표현이다. 처음에는 그냥 '그래?'라는 말을 가지고 가볍게 놀라는 느낌을 표현해보자. 그리고 들숨의 호흡과 함께 놀라는 감정을 표현해보면서 말로만 했을 때와 호흡과 연동했을 때 느낌이 어떻게 달라지는지 관찰해 보는 것이 좋다.

'맞아요.'라는 말은 상대방의 얘기에 동의를 할 때 쓰는 표현이다.
그렇다면 호흡은? 여기서의 호흡은 들숨이다. 맞장구를 칠 때는 호흡을 들이마시기 때문이다. 말로만 했을 때와 호흡을 들이마시면서 했을 때의 느낌을 비교해보자.

'너무해.'라는 표현은 상대방의 말에 서운함을 느껴서 하는 말이다. 먼저 '너무해.'라고 말을 해보고 날숨을 통해 서운함을 표현하면서 말을 같이 병행하면 '너무해.'라는 말이 더 잘 전달이 될 수 있다.

'정말이야.'라는 말은 상대방의 말에 동의를 하면서 맞장구를 치는 표현이다. 말로만 동의를 할 때와 기쁨의 호흡인 들숨을 통해 말을 했을 때를 비교해보자. 그리고 박수를 치면서 호흡과 같이 병행하는 것도 도움이 될 수 있다.

'그럴리가.'라는 말은 상대방의 말이나 의견을 부정하는 표현이다. 여기서의 호흡은 날숨이다. 날숨의 호흡과 더불어 말과 같이 병행해서 느낌을 표현해보자. 그리고 고개를 젓거나 손짓과 같은 비언어를 병행해보자.

들숨의 감정은 주로 긍정적인 감정이거나 흥분의 표현인 반면, 날숨의 감정은 부정적인 감정이거나 차분한 느낌의 표현이 주가 된다.

이러한 점도 유념해서 연습을 하면 더욱 효과적인 훈련이 될 수 있을 것이다.

1. 그럴 거 같아 2. 그러자 3. 오해야 4. 믿어줘 5. 거짓말

'그럴 거 같아.'라는 말은 상대방의 얘기에 확실하지는 않지만 동의를 하는 표현이다. 처음에는 그냥 '그럴 거 같아.'라는 말을 가지고 가볍게 동의의 느낌을 표현해보자. 그리고 들숨의 호흡과 함께 동의의 감정을 표현해보면서 말로만 했을 때와 호흡과 병행했을 때 느낌을 생각해보자. 또한, 들숨을 활용하는 감정은 대부분 긍정적인 느낌이기 때문에 미소와 더불어서 표현하면 효과적인 비언어가 될 수 있다.

'그러자.'라는 말은 상대방의 얘기에 동의를 표현할 때 쓰는 표현이다. 여기서의 호흡은 들숨일까? 날숨일까? 그렇다. '들숨'이다. 들숨을 통해서 '그럼.'이라는 표현을 하면 훨씬 더 수월한 느낌의 동의를 표현할 수 있다. 또한, 고개를 끄덕이는 비언어적인 표현은 동의를 구하는 데 있어 도움을 배가시킬 수 있다.

감정표현을 할 때 생각해야 할 부분이 바로 호흡이기 때문에 호흡을 염두에 두면서 훈련을 하는 것이 중요하다.

다음은 '오해야.'이다. 여기서 '오해야.'의 의미는 상대방의 말을 반박하기 보다는 잘못된 인식을 풀어주는 말에 가깝다. 말로써 '오해야.'를 했을 때와 날숨을 실어서 '오해야.'라는 말을 했을 때의 차이점을 비교하면 많은 도움이 될 수 있다. 또한, 손짓과 머리를 젓는 동작의 비언어를 활용하면 효과적일 수 있다.

'믿어줘.'라는 말은 상대방의 어떤 말에 동조를 하는 표현이다. 말로만 동조한다는 말을 할 때와 날숨을 통해 동의를 했을 때를 비교해보자.

'거짓말.'이라는 말은 상대방이 어떤 말을 했을 때 못 미더워할 때 하는 말이다. 날숨을 통해서 불신의 느낌을 더 해보자. 여기서의 '거짓말.'이라는 말은 강한 불신이 아니라 약간 농담조의 느낌이기 때문에 앞에 감탄사 '에이.'라는 말을 더하면 효과가 배가 될 수 있다.

> 1. 이해해줘 2. 용서할게 3. 그만해 4. 웃기지마 5. 이런

'이해해 줘.'라는 말은 상대방에게 자신의 감정을 호소하여 이해를 구하는 감정이다. 먼저 단순하게 '이해해 줘.'라는 말을 가지고 이해를 구해보자. 그리고 날숨의 호흡과 함께 차분히 감성적으로 상대방을 설득해보자. 진심어린 눈빛과 고갯짓을 더 한다면 더 풍부한 느낌을 전달할 수 있다.
'용서할게.'라는 말은 상대방의 사과를 받아들일 때 쓰는 감정의 표현이다. 날숨을 통해서 차분한 용서의 감정을 전달해보자.

여기서 '그만해.'의 의미는 상대방의 말에 강한 반박을 하는 느낌보다는 부드럽게 상대의 말을 제지하는 표현이다. 날숨을 통해서 상대방의 말을 부드럽게 제지해보자. 이때, 부드러운 시선과 고갯짓을 통한 비언어적 표현을 동원한다면 더욱 효과적일 수 있다.

'웃기지마.'라는 표현은 상대방의 말에 장난하지 말라고 부드럽게 핀잔을 주는 느낌이다. 말로만할 때와 날숨을 활용해 '웃기지마.'라는 표현을 할 때 어떻게 느낌이 달라지는지를 체험해보자. 손을 흔들면서 비언어적인 표현을 동반하는 것도 좋은 방법일 것이다.

'이런.'이라는 말은 상대방의 말이나 사연에 안타까움을 표시하는 감탄사이다. 여기서의 호흡은 차분한 감정이기에 당연히 날숨이 된다. '이런.'이라는 말을 할 때와 호흡을 활용해서 '이런.'이라는 말을 할 때 어떠한 느낌이 있는지 비교해보자. 그리고 고개를 떨어뜨리거나 힘을 빼면서 감정을 표현하면 더욱 느낌이 잘 전달될 수 있다.

이처럼 말로 감정을 표현할 때와 호흡을 동원할 때 감정의 느낌이 달라지는 것을 체득하는 것이 중요한 포인트이다. 그리고 다른 비언어적인 표현을 활용할 때의 느낌은 더 생생해질 수 있다는 부분도 중요하다.

이러한 기본적인 감정표현을 토대로 조금 더 다양한 감정을 표현할 수 있는 계기를 마련해보자. 처음엔 어색할 수 있지만, 자꾸 연습을 해보다 보면 어느새 자연스럽게 체득할 수가 있기 때문에 한꺼번에 많은 연습을 하는 것보다는 천천히 그리고 꾸준하게 훈련을 하는 것이 좋다.

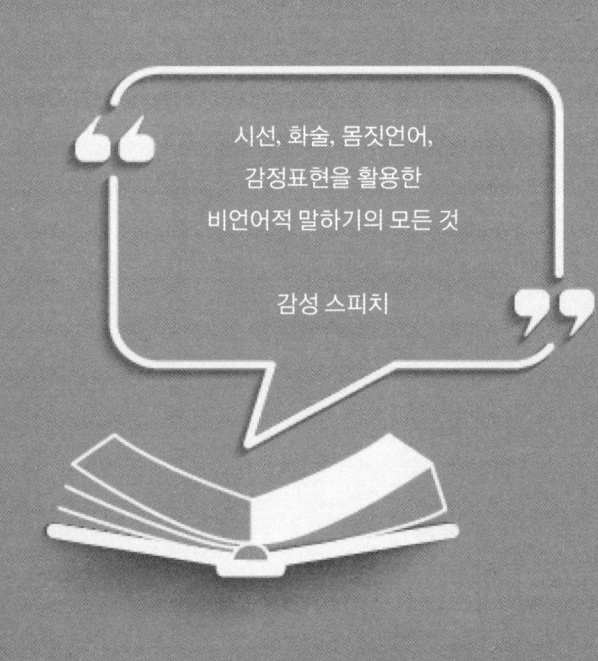

시선, 화술, 몸짓언어,
감정표현을 활용한
비언어적 말하기의 모든 것

감성 스피치

part 4

감정 표현 훈련

1 대사를 통한 감정표현

우리는 지금 배우가 되려는 것이 아니다. 배우가 되려면 연기에 대한 체계적 이론과 분석, 감정표현과 움직임 등, 다양한 부분에서 심층적으로 접근해야 한다.

하지만 우리가 여기서 대사를 활용하는 이유는 평소에 감정표현이 어색하고 낯선 부분이 있기 때문에 연습과 훈련으로 익숙할 수 있도록 습관을 만들기 위해서이다.

처음에는 어색하고 낯설 수 있지만, 하다보면 다양한 상황에 맞춰 감정을 표현하기도 조절하기도 할 수 있는 노하우가 생길 수 있다.

특히, 호흡을 통해 감정을 조절하는 방법을 대사를 활용해 훈련해야 한다.

먼저 기본적인 대사를 가지고 감정과 호흡 연습을 해보자.

> 돈이 전부가 아니라구. 내 말 들어! 넌 게으른 거야. (냉정하게)
> 넌 뭐 정직하게 살고 있다고 생각하겠지만 사실은 그게 게으른거야. (강조하며)
> 둔한게 아니라 게으르다구! 난 너처럼 안일하게 살아갈 수 없어. (답답해서)
> 마지막 버스를 타느라구 어슬렁거릴 수 없어! (강하게)

상대방의 게으름을 일깨우는 부분이다. 돈으로 해결하려는 상대방의 얘기에 견디다 못해 '둔한 게 아니라 게으르다고!'라는 부분을 단호하게 말한다. 그러다 답답해서 '난 너처럼 안일하게 살아갈 수 없어.' 하면서 강조한다. 하지만 자신이 흥분했다는 것을 깨닫고 다시 차분하게 얘기를 한다. 여기서의 중요한 포인트는 화가 났을 때 제어를 하는 날숨의 호흡이다. 이러한 호흡을 대사를 통해 연습하는 것이 중요하다.

> 조금 더 생각을 해보자. (부드럽게)
> 너무 안 좋은 쪽으로만 생각할 필요는 없어. (다독이며)
> 어차피 다시 기회는 와. 그러나 조금만 긍정적으로 생각하자. (힘을 실어주며)
> 지금 이렇게 불안해 한다고 달라질 건 아무것도 없어. (강하게)
> 그러니 침착하게 생각하자. 알았지? (웃으며)

상대방이 어떤 일 때문에 좌절해서 기가 죽어있자 기운 내라며 다독여주는 상황이다. 처음에는 안쓰러워 다독여주다가 상대방이 너무 침울해있자 기운을 내라며 희망적으로 웃으면서 부드럽게 얘기한다. 여기서의 포인트는 자신도 안쓰럽지만 미소를 띠며 얘기를 하는 것이다. 미소를 지을 때는 들숨의 호흡을 통해 감정을 조절해야 한다. 사회생활이나 대인관계를 맺을 때 미소를 띠어야 하는 상황이 많으므로 그런 점을 유념해서 연습하는 것이 좋다.

그만 하세요. 두분 이제 제발 철 좀 드세요. (강하게)
언제까지 이러실 거예요? 두 분의 말도 안되는 억지가 (다독이며)
얼마나 많은 사람들에게 상처를 주었는지 아세요? (부드럽게)
제발 좀 화해하세요. (차분하게)

철이 없는 상대방에게 억지를 부리지 말라고 조언하는 상황이다. 처음에는 차분히 구슬리면서 얘기한다. 하지만 상대방이 달라지지 않자 답답해서 얘기한다. 그리고 '두 분의 말도 안 되는 억지가 얼마나 많은 사람들에게 상처를 주었는지 아세요?'라는 부분은 상대방의 어리석음을 정확히 지적하여 깨닫게 해주는 부분이다. 이 상황에서의 감정은 상대방의 반응에 따라 처음에는 흥분하다가 점점 답답해지는 것이다. 특히, 답답할 때 호흡을 날숨으로 차분히 내뱉으면서 화를 제어하는 표현이 중요하다.

어제 코메디를 봤는데 진짜 오바이트 쏠려 죽는 줄 알았다. (어이 없어서)
개그에 수준이 없어요. 진짜 유치해서 못 보겠다. (답답해서)
그거 보고 웃는 놈이 더 나빠. 왜 우리나라엔 채플린이나 (차분하게)

미스터 빈 같은 세계적인 코미디언이 없는 거야. (강하게)
안 그래? (침착하게)

어제 본 코미디의 무능함을 비판하면서 말하고 있다. 그러다가 우리나라에 내노라 하는 희극배우가 없는 현실을 안타까워한다. 특히, 답답할 때와 안타까울 때 호흡을 날숨으로 차분히 내뱉으면서 감정을 내뱉는 표현이 중요하다.

난 애당초 사랑 따위에 관심도 없어. (비웃으며)
사랑을 하고 애인이 생긴다. 그래, 그때는 좋겠지. (빈정거리며)
하지만 그런 관계는 언젠가는 무너지게 돼 있어. (강조하며)
아무리 맹세를 해도 영원이란 있을 수가 없어. (단정하며)

상대방에게 영원한 사랑은 없음을 말한다. 말하는 이는 상대방이 사랑이라는 감정에 대해 확신을 하니까 처음에는 비웃으며 얘기하다가 단정하며 다시 차분하게 얘기한다. 그럼에도 불구하고 상대방이 말을 듣지 않자 다시 강하게 얘기한다. 특히, 단호하게 얘기하거나 답답할 때 호흡을 가라앉히는 표현을 하는 것이 중요하다.

됐다, 됐어. 풀렸으면 된 거야. (반응) (다독이며)
더 살아봐. (반응) (부드럽게)
언덕을 피해 돌아가면 더 큰 산이 기다리고 있을지도 몰라. (반응) (차분하게)
지금처럼 두 손 꼭 잡고 힘차게 가는거야. (반응) (강하게)
행복이 별거냐? (웃으며)
이게 바로 행복이지. (털털하게)

상대방이 어떤 일에 실망을 해서 다독이는 상황이다. 처음엔 다독이며 차분하게 '인생이라는 것이 새옹지마'라는 것을 얘기해 준다. 그리고 점차적으로 희망과 긍정의 힘을 불러 넣어준다. 특히, 들숨을 통해 미소를 띠며 얘기하는 것을 연습해 보자.

우리를 지켜보고 있었던 거야? (놀라며)
내 말은 나를 지켜보고 있었느냐구. (차분하게)
그러고도 넌 아무 말도 하지 않다니. (답답해서)
한 마디 해줬어야지. 그래야 되는거 아냐? (강하게)
넌 나를 시험 한 거야. (비웃으며)
그건 지독한 시련이었어. (차분하게)

상대방이 자신의 상황에 수수방관 하는 모습에 화가 나서 하는 말이다. 화가 나지만 차분하고 이성적으로 얘기하려고 하나 화가 점점 치밀어 올라 감정 조절이 잘 안 되고 있다. 화가 났을 때 날숨으로 호흡을 조정하며 감정을 조절하는 연습을 해보자. 또한, 제스처와 손동작으로 답답함으로 얘기하는 표현을 병행하면 더욱 감정을 표현하는 데 도움이 될 것이다.

> 내가 말하지만 내가 참을 수 있는데는 한계가 있어. (참으며)
> 난 그 동안 충분히 너를 위해서 봉사했어. (침착하게)
> 그런 나보고 다시 그 곳으로 가라고? (황당해서)
> 그 진흙 속으로 가란 말이야? (강하게)
> 이젠 네가 갈 차례야. (침착하게)

상대방에게 당한 만큼 돌려주는 상황이다. 상대방을 위해서 열심히 봉사하고 일을 했는데 그것을 오히려 더 이용하려고 하는 상대방에게 신물을 느끼는 감정이다. 화가 나지만 억지로 미소를 지으며 감정을 자제하고 있다. 미소를 지을 때는 들숨을 활용해서 감정을 조절해보자. 그리고 점점 화가 날수록 날숨을 통해서 감정을 자제해보자. 화가 날 때는 심호흡을 자연스럽게 하는 것이 중요하다. 자신의 감정을 상대방에게 들키지 않는 범위 내에서 날숨으로 조절해야 한다.

그 사람은 아주 이기적이였어. (차분히)
사랑하는 동안은 문제가 없었지. 모든게 순조로웠어. (침착하게)
하지만 막상 내가 내 자신을 찾고 내 삶의 중심이 되기를 원했을 때 (화가 치밀어)
그는 나를 전혀 도와주지 않았어. 그래서 갈라선 거야. (자제하며)
어머니가 아이들을 가지게 도니면 남자에게 더 이상 관심을 안 주는건 (강조하며)
자연적인 거야. 자손이 우선이 되거든. (털털하게)

남자의 이기적인 행태에 답답함과 서운함을 얘기하는 부분이다. 처음에는 침착하게 자신의 과거를 얘기한다. 과거를 얘기하다가 점점 남자의 이기적인 행동이 떠오르고 그 행동은 화와 서운함을 자극한다. 그러한 감정이 올라올 때 날숨을 통해서 스스로 감정을 다스리는 연습을 하는 것이 이 대사의 포인트이다.

전 남자들의 서글서글한 눈매가 좋아요. (웃으며)
몸에 난 털, 큼직한 다리도 좋아요. (부드럽게)
그리고 남자들에겐 여자를 매혹하는 특별한 기관이 있어요. (차분하게)
두드러진 목젖 말이에요. 그런 남자들이 저한테 말을 걸어오는 순간 (강하게)
전 떨리기부터 해요. 지금 가서 닭을 끓일게요. 당장 끓일게요. 당장. (강조하며)
다음 번엔 치즈가 든 수프를 만들어 드릴까요. (웃으며)

남자가 맘에 들어 유혹하는 장면이다. 상대방을 유혹하기 위해 부드럽게 얘기를 하며 칭찬을 한다. 그리고 상대방의 기분을 좋게 하며 요리 실력을 자랑한다. 칭찬을 할 때 들숨을 통해 감정표현을 한다. 또한, 상대방의 반응으로 보며 부드럽게 말을 한다. 상대방을 유혹하기 위해 미소를 지을 때는 들숨을 통해서 감정표현을 해야 한다. 즉, 이 대사의 포인트는 들숨을 통해서 칭찬과 유혹을 하는 것이다.

가벼운 대사를 가지고 들숨과 날숨을 통해 감정표현 연습을 해보았다. 안 되는 부분이 있으면 다시 한 번 연습을 해보길 권장한다. 왜냐하면, 배우들이 아니기 때문에 다양한 감정을 표현하는 데에는 제약이 있을 수 있고 어색한 부분이 있을 수 있다. 그 어색함을 가벼운 연습을 통해서 익숙함으로 바꾸는 것이 중요하기 때문이다.

2 남자 연극대사

다음은 남자 연극대사이다. 실제 대사를 가지고 감정 연습을 해보면 더욱 감정 표현 연습을 하는 데 도움을 받을 수 있다.

조금은 어색하고 낯설겠지만, 특히 감정 표현이 어색하거나 서툰 사람의 경우 많은 도움이 될 수 있다.

감정 표현과 더불어 감정을 표현할 때 들숨과 날숨의 호흡에 신경을 써서 연습해보자.

『시련』중, 덴포스

얘들아, (엄중하게) 법은 거짓 증언을 하는 사람도 또한 벌한다.
그건 그렇고 (떠본다) 어쩌면 이 조서가 우릴 속이기 위해 위조된 건지도 모르겠다.
또 메어리 워렌이 악마의 꾀임에 빠져서 (반응) (강조) 우리로 하여금 신성한 목적을 져버리게 하기 위해 쓴 건지도 모르겠다. (단호히) 만약에 그렇다면 (차분히 경고) 저 앤 벌로서 목을 잘릴 게다. (강하게) 그러나 저 애의 말이 사실이라면 (반응) 너희들은 (부드럽게) 당장 그 가면을 벗고서 거짓말했음을 솔직하게 고백해야 한다. (단호하게) 고백은 빨리 하면 할수록 너희들한테 이러운 거니까. (위압적으로) (반응) (사이) 아비게일 윌리엄즈, (부드럽게) 일어나거라. (아비게일은 천천히 일어난다)

●●● 줄거리

연극 '시련'의 한 장면이다. 줄거리는 다음과 같다. 692년 메사츄세츠 주의 세일럼 마을에서 어른들이 경건하고 도덕적인 종교적 생활에 짓눌린 10대 소녀들이 벌거벗은 채 춤을 추며 악마의 의식을 거행한다. 친구들과 함께 춤을 추었던 패리스 목사의 딸인 베티가 쓰러지면서 사람들은 베티에게 악마가 들었다고 몰아세우기 시작한다. 베티의 친구인 애비게일은 가정을 꾸리고 있는 농부 프락터와의 육체적 욕망에 사로잡혀 그의 부인 엘리자베스를 죽이려는 충동에 빠진다. 사람들에게 춤추는 모습을 들킨 소녀들은 자신들의 끔찍한 행동에 악마가 찾아들었다고 거짓을 고백하게 되고, 마을을 온통 마법과 악마에 관한 아우성으로 떠들썩하게 만든다. 소녀들의 집단 광란에 의해 세일럼의 사람들은 마녀재판이라는 이름으로 하나 둘 교수대의 희생자로 사라지지만, 프락터 부인을 향한 아비게일의 증오심은 식을 줄을 모른다. 소녀들의 거짓과 권력자의 위선에서 비롯된 세일럼의 마녀 재판은 종교의 중압감이 더해지면서 극도의 혼란으로 치닫게 되고, 진실을 밝히고자 하던 프락터는 끝내 순교자의 길을 선택한다.

지금 이 부분은 덴포스라는 주지사이자 판사가 객관적으로 범인을 취조하는 장면이다. 특히, 짜증이 나거나 답답할 때 호흡을 가라앉히는 표현을 하는 것이 중요하다. 범인이 누구인지를 알아내기 위해 누가 거짓말을 하는지를 평정심을 유지하며 얘기한다. 여기서의 포인트는 평정심을 유지할 때 날숨을 내뱉는 것이다. 날숨 연습을 하면서 포커페이스를 유지하는 감정표현 연습을 해보자.

> **『벚꽃동산』중, 로빠힌**
>
> 그 자가 사만 오천을 불렀고, 난 오만 오천으로 응수했어요. (해명하며)
> 이렇게 그 자는 오천씩 올려가는데, 나는 일만씩 올렸죠... (반응)
> 마침내 끝이 났어요. (강조) 부∥ 위에 구만을 불렀더니.
> 결국 내게로 낙찰 되었어요. (사람들 싸늘한 반응) (무시하듯 기뻐하며)
> 이 벚꽃 동산은 이제 제 거예요! (시위하듯이) 제 거라구요! (반응)
> (호탕하게 웃어댄다) (강조) 오오, 하나님, 벚꼬초 동산이 이제 내 거예요. (반응)
> 제가 (무시) 술에 취해 미쳐 버렸다고 해도 좋고, 제가 꿈을 꾸고 있다고 해도 좋아요.. (반응) (설움에 차서) 그러나 저를 비웃지는 말아 주세요!

••• 줄거리

연극 '벚꽃동산'의 한 장면이다. 줄거리는 다음과 같다. 벚꽃동산의 여지주 라네프스카야는 파리에서 생활하다가 다시 자신의 고향인 아름다운 벚꽃동산으로 돌아온다. 하지만 그 아름다운 벚꽃동산은 빚더미에 올라 이자를 갚지 않으면 경매로 처분되어야 하는 상황. 신흥재벌 로빠힌은 라네프스카야를 위해 벚꽃동산을 별장지로 임대하라고 설득하지만, 라네프스카야와 그녀의 오빠 가예프는 그들의 과거와 추억이 서린 공간을 임대하는 것을 내켜하지 않고, 로빠힌의 제안을 계속해서 무시한다. 시대의 변화에 발맞출 것을 요구하는 로빠힌의 요구에도 과거의 아름답고 행복한 시간에만 머물러있고 싶은 라네프스카야의 향수어린 생각에 결국 별장은 경매로 넘어가게 된다. 경매로 벚꽃동산을 낙찰 받은 로빠힌은 새로운 영지의 주인이 되어 임대사업을 벌려나가고, 라네프스카야를 비롯한 나머지 가족들은 각자의 인생을 위해 새로운 출발을 한다. 그리고 별장을 지키던 피르스 노인은 추억에 젖으며 의자에서 마지막을 맞이한다.

신흥재벌 로빠힌이 경매에서 벚꽃동산을 사서 기뻐하는 부분이다. 처음에는 왜 경매에서 자신이 낙찰을 할 수밖에 없느지 그 당위성을 피력하지만, 아무도 로빠힌의 얘기를 듣지 않는다. 하지만 이에 굴하지 않고 자신이 이 벚꽃동산의 주인임에 기뻐한다. 여기서의 포인트는 사람들이 인정하지 않아 서운하지만 이에 굴하지 않고 기뻐하는 것이다. 특히, 사람들의 반응에 개의치 않고 들숨의 호흡으로 기쁨을 표현하는 것이다. 들숨으로 기쁨의 표현 연습을 해보자.

『밤으로의 긴 여로』중, 에드먼드

(표정이 다시 굳어지며) 거짓말 마세요. 아버진 그 말을 믿으세요? (따지며) 아버진 결국 제가 죽으리라고 생각하시죠? (더욱 신랄하게) (반응) 그러니까 돈만 낭비라고요. (강하게) 절 주립 요양소에다가 넣는 것도 그래서죠... 돈 때문이겠죠! (강조) 그것도 무료거나, 아니면 거의 무료일 테죠. (비꼬며) 힐 타운 요양원이 주립병원이라는걸 아버지가 모르신다고요? (반응) (강조) 거짓말 마세요, 형 말이 맞았어요. 의사한테 또 울상이 돼서 (강조) 양로원 얘기를 꺼내실 거라고 그랬어요. 결국 형이 의사한테서 (설움에 복받쳐) 그게 사실이라는걸 알아냈거든요. 주립요양소인 것만은 틀림없죠? (비꼬며)

●●● 줄거리

실화를 바탕으로 한 이야기의 내용은 다음과 같다. 아버지 티론과 어머니 메리는 결혼을 해서 첫째 제이미를 낳고, 둘째 아이 유진의 죽음으로 이 가정의 불행한 여정이 시작된다. 티론은 어린 시절 가난 때문에 돈에 대한 집착으로 비롯된 인색한 모습을 보인다. 그는 배우라는 직업 때문에 가정에서 자신의 몫을 제대로 할 수 없었다. 그 몫을 첫째 아들, 당시 7살이었던 제이미가 대신하게 된다. 제이미는 오이디푸스 콤플렉스 현상을 제대로 극복해 내지 못하고 유진의 방에 들어가 홍역을 옮기고, 유진은 죽음에 이른다. 그 이후 메리는 줄곧 제이미를 미워해 왔다. 애정결핍과 인정받지 못하는 장남의 모습은 그를 매춘부의 집으로 향하게 하고, 제이미는 그곳에서 애정결핍을 해소 하려고 한다. 메리는 유진의 죽음으로 고통을 겪는 중에 돌팔이 의사를 접하게 된다. 하지만 의사는 일시적인 해결책으로 모르핀을 주게 되고 결국 메리는 모르핀 중독에 빠지게 된다. 메리는 현실의 고통을 모르핀을 통해 도피하고자 한다. 메리의 모르핀 중독이 심해질수록 메리의 행복했던 과거의 기억이 선명해진다. 메리는 유진의 죽음으로 인한 죄책감에서 벗어나고자 에드먼드(셋째아들)를 낳게 된다. 하지만 병을 가지고 돌아온 에드먼드로 인해 다시 그녀의 원죄가 상기되면서 고통을 받게 된다. 그녀는 자신의 원죄에 대한 잘못을 회개하게 된다. 메리는 자신의 죄책감에서 자유로워지게 되고, 마침내 평안을 얻는다. 메리를 제외한 나머지 가족들은 메리의 마약 중독으로 인해 자신들의 과거에 대한 솔직한 얘기들을 하면서 원죄에 대한 인식을 하고 참회를 하게 되며 이야기는 막을 내린다.

연극 '밤으로의 긴 여로' 중에서 에드먼드가 아버지의 인색한 성격으로 인해 답답해서 화를 내는 장면이다. 자신이 병에 걸려 치료를 받아야 함에도 불구하고 아버지가 돈을 아끼기 위해서 주립요양소에서 치료를 받게 하려는 태도에 대해 분개한다. 화가 날 때 감정을 날숨으로 다스리는 훈련을 해보자. 특히, 답답함을 얘기할 때의 날숨과 함께 감정을 조절하고 통제를 하는 연습이 중요하다.

3 남자 영화대사

다음은 남자 영화대사를 가지고 감정표현 훈련을 해보자.

『파수꾼』중, 희준 - 영화

너는 나한테 이렇게까지 하는 이유가 뭔데? 내가 네 꼬봉이야? (진지하게) 애새끼들 다 네 꼬봉이냐고? 네가 내 친구 생각해 본적 한번이라도 있냐? (단호하게)
없잖아, 내가 언제까지 네 앞에서 꼬리 흔들며 살 줄 알았는데? (여유있게) 내가 너한테 그렇게 까이고 오기로 한 이유가 뭔지 알아? (되물으며)
네가 그렇게 중요하게 생각하는 그 알량한 자존심 나도 한번 부려봤다. (강조하며)
왜? 안되냐? 저 새끼들 다 마찬가지야. 너 친구라고 생각해서 (강하게) 다 네 옆에 있는 거 아냐. 너랑 학교 다니면 편하니까. (여유 있게)

●●● 줄거리

영화의 내용은 다음과 같다. 어떤 소년의 죽음으로 영화는 시작된다. 평소 아들에게 무심했던 소년의 아버지(조성하)는 아들의 갑작스런 죽음에 매우 혼란스러워하며 뒤늦은 죄책감과 무력함에, 아들 기태(이제훈)의 죽음을 뒤쫓기 시작한다. 아들의 책상 서랍 안, 소중하게 보관되어 있던 사진 속에는 동윤(서준영)과 희준(박정민)이 있다. 그러나 학교를 찾아가 겨우 알아낸 사실은 한 아이는 전학을 갔고 한 아이는 장례식장에 오지도 않았다는 것에 대해 뭔가 이상한 낌새를 느낀다. 그러던 중에 간신히 찾아낸 희준은 '기태와 제일 친했던 것은 동윤'이라고 말하며 자세한 대답을 회피한다. 결국 아버지의 부탁으로 동윤을 찾아 나선 희준. 하지만 학교를 자퇴하고 떠나버린 친구는 어디에도 없다. 천진하고 순수했던 그 시절, 미성숙한 소통의 오해가 불러일으킨 비극적 결말을 그려낸 작품이다.

참조 - 네이버 영화

영화 '파수꾼'에서 희준이 자신이 그동안 당했던 기분과 억울함을 말해주는 장면이다. 그동안 참았던 서러움과 억눌렸던 감정을 누르면서 표현한다. 특히, 흥분했을 때의 들숨을 날숨을 섞어가면서 흥분할 때는 들숨을 통해 흥분을 침착하게 말을 할 때는 날숨을 통한 감정을 표현하는 것이 중요하다.

> **『파바로티』중, 상진 - 영화**
>
> 장호야. 너 내 말 잘 들어봐. 너 맨 처음에 우리 집에 와서. (진지하게)
> 내가 네 노래 처음 들었을 때, 너 그때 기억 나냐? (부드럽게)
> 내가 네 노래 듣고 그 날 왜 아무 말 도 못하고 바깥으로 나갔는지 아냐? (강조하며)
> 부럽더라, 네가 정말 미치도록 부럽더라, 장호야 네 목소리는 말야. (진심으로)
> 그거 임마 하늘이 내려준 거야. 난 죽었다가 깨어나도 널 못 따라가. (강조하며)
> 내가 장담한다. 넌 세계적인 테너가 될 수 있어. 장호야 (벅차 올라서)

●●● 줄거리

한 때 잘 나가던 성악가였지만 지금은 촌구석 예고의 음악 선생인 상진(한석규). 까칠함만 내세우던 선생인 그에게 엄청난 미션이 떨어진다. 천부적 노래 실력을 지녔으나, 일찍이 주먹세계에 입문한 건달 장호(이제훈)를 가르쳐 대회에서 입상하라는 것. 전학 첫날 검은 승용차에 어깨들까지 대동하고 나타난 것도 모자라, 수업 중에도 '큰 형님'의 전화는 챙겨 받는 무늬만 학생인 장호가 못마땅한 상진. 장호의 노래를 들어볼 필요도 없이 결론을 내린다. 주먹과 노래 두 가지 재능을 타고났으나 막막한 가정환경으로 인해 주먹 세계에 뛰어든 장호. 비록 현실은 '파바로티'의 이름 하나 제대로 모르는 건달이지만 성악가가 되고픈 꿈만은 잊은 적 없다. 이런 자신을 가르쳐 주기는커녕 툭하면 개나 소나 취미로 하는 게 클래식이냐며 사사건건 무시하는 쌤 상진의 태도에 발끈하는 장호. 그래도 꿈을 포기할 수 없는 장호는 험난하고 까칠한 상진과의 관계를 이어가면서 벌어지는 이야기이다.

참조 - 네이버 영화

영화 '파바로티'에서 음악선생님 상진이 학생이자 건달인 장호에게 용기를 북돋아 주는 장면이다. 때로는 과감하게 때로는 여운을 남기는 방법을 얘기하는데 자신감 넘치는 감정으로 표현한다. 특히, 들숨과 날숨을 섞어가면서 과감하게 말을 할 때는 들숨을 통해 흥분을 침착하게 말을 할 때는 날숨을 통한 감정을 표현하는 것이 중요하다.

『건축학개론』중, 납득이

일단 소주 한병을 사. 그리고 걔네 집 앞에 가는거야. 가서 소주를 병나발로 딱! 불고.. (천천히)전 화를 해. 받잖아? 그럼 딱! (여유있게)집 앞이다. 잠깐 나와. (단호히) 그러고 그냥 딱! 끊어. 그냥. 그냥 끊어. (아는 듯이) 그럼 그사람이 궁금하게 돼있어. 갑자기 왜?(궁금해서)이러면서 나오게 돼있어. (강조) 근데 너한테 술 냄새가 팍 날 꺼 아니야.(확신에 차서) 그럼 일단 쫀다고, (되물으며) 납득이 안 되잖아? (궁금해서) 갑자기 와서 술 냄새. 뭐지 이거. 낯선데.. (과감히) 그때. 딱 다가가, 딱 다가가, 그럼 걔가 첨엔 무서우니까.. (여유있게) 뒤로 슬슬 물러난다고. 그러다가 벽에 딱 부딪히잖아. 그럼 딱! (천천히) 아무 말도 않고 돌아가. 절대 뒤 돌아보면 안돼.

●●● 줄거리

영화의 내용은 다음과 같다. 생기 넘치지만 숫기 없던 스무 살, 건축학과 승민은 건축학개론 수업에서 처음 만난 음대생 서연에게 반한다. 함께 숙제를 하게 되면서 차츰 마음을 열고 친해지지만, 자신의 마음을 표현하는데 서툰 순진한 승민은 입 밖에 낼 수 없었던 고백을 마음속에 품은 채 작은 오해로 인해 서연과 멀어지게 된다. 그리고 '다시 사랑할 수 있을까?'라는 생각을 한다. 15년 만에 그녀를 다시 만났다. 서른다섯의 건축가가 된 승민 앞에 15년 만에 불쑥 나타난 서연. 당황스러움을 감추지 못하는 승민에게 서연은 자신을 위한 집을 설계해달라고 한다. 자신의 이름을 건 첫 작품으로 서연의 집을 짓게 된 승민, 함께 집을 완성해 가는 동안 어쩌면 사랑이었을지 모를 그때의 기억이 되살아나 두 사람 사이에 새로운 감정이 쌓이기 시작하지만 결국 이루어지지 못한 기억의 습작이 되고 만다.

참조 - 네이버 영화

영화 '건축학 개론'에서 동네 노는 삼수생 납득이가 연애에 어설픈 순진한 대학생 승민이에게 연애기술을 말해주는 장면이다. 연애에 밀고 당기기가 중요하다며 다양한 방법으로 연애기술을 알려준다. 때로는 과감하게 때로는 여운을 남기는 방법을 얘기하는데 자신감 넘치는 감정으로 표현한다. 특히, 들숨과 날숨을 섞어가면서 과감하게 말을 할 때는 들숨을 통해 흥분을 침착하게 말을 할 때는 날숨을 통한 감정을 표현하는 것이 중요하다.

> **『비스티 보이즈』중, 재현**
>
> 야, 자 아이구 멋있다. (후응유도) 마지막 사람 문닫고, (매너있게) 자, 선수들 인사! (주위환기) 소개 할께요. 자, 웃긴 놈을 원하면 1번, (강조) 웃긴놈 1번, 자 2번은 (자랑하며) 우리 영화배우 스타일, 헐리웃 스타일, (강조) 올란도 볼륨, 근데 좀 태국식, (깍아 내리며) 사천식, 광동식, 약간 그런 필, (호응) 중국계 올란도 볼륨은 3번, 자 뭐 4번은 (생각) 그냥 뭐, 미친놈? (무시) 에이 미친놈!

●●● 줄거리

이야기의 배경은 호스트바이다. 호스트바의 리더 재현(하정우 분)곁으로는 폼생폼사, 실상은 빚더미에 시달려 동생과 여자 친구들에게 돈을 빌리러 구걸하는 바닥인생의 허세를 보여주는 인물이다. 가진 것은 오로지 화려한 입담과 거짓말. 두 가지 무기로 위기를 넘기면서 근근이 살아간다. 반면 청담동 최고의 호스트 승우(윤계상 분)남부러울 것 없이 좋은 차를 타고, 마음만 먹으면 어느 여성이든 사귈 수 있는 매력을 지닌 남자다. 그러나 어느 날 손님으로 온 지원(윤진서 분)빠져 당당했던 모습은 사라지고 점점 집착하게 되는 자신을 보면서 감정을 주체할 수 없게 된다. 그리고 재현은 점점 돈이 없어서 궁핍한 생활을 하게 되며 온갖 거짓말과 권모술수로 여자에게 돈을 빌린다. 결국 두 남자와 여자 모두 희망이 보이지 않은 상태가 되고 만다.

참조 - 네이버 영화

영화 '비스티 보이즈' 중에서 재현이 여자들에게 남자를 소개해 주는 장면이다. 다양한 특징의 남자들을 재미있게 소개해 준다. 영화는 사실적인 표현을 위해 호스트바라는 장소를 활용하지만 여기서는 재미있게 설명을 해주는 사회자로서의 역할에 충실하자. 때로는 강조를 하면서 때로는 은근하게 설명을 한다. 사람마다의 특징을 생동감 있게 표현해 보자. 특히, 강조를 할 때는 들숨을 은근하고 비밀스럽게 설명을 할 때는 날숨을 통해 감정을 표현해 보자.

『킹콩을 들다』중, 지붕

(계곡, 낮, 산세가 수려한 계곡을 따라 카메라 내려오면 개울가에서 고기를 구워 먹고 있는 역도부원과 지붕이 보인다. 지붕, 주머니에서 통장을 꺼낸다. 아이들에게 각각 통장 하나씩 나눠주는 지붕.) 지원금 들어온 거다! (무심하게) (통장을 열어보는 선미에게) 잘 모이면 대학 등록금 정도는 모을 수 있을 거야. (툭 던지며) (선미, 울먹-애들아 고마워) 너희들 딴 짓하면 알지? 잔고 확인 한다. (웃으며) 이 세상 어떤 훌륭한 기술도 그걸 해야 될 이유가 없다면 아무 소용이 없는 거다. (차분하게) 동기제공! 성공에는 강력한 동기가 필요한 거야. (강조) 민희 니가 그걸 보여준 거야. (따뜻하게)

●●● 줄거리

영화의 이야기는 다음과 같다. 1988년 올림픽에서 역도부 동메달리스트였던 이지봉(이범수)는 자신의 무게보다 훨씬 무거운 역기를 들다

뒤로 넘어져 머리와 심장 부분에 큰 부상을 입었다. 그 후로 이지봉은 선수 활동을 그만두게 되고 홀로 지내다가 시골 여중 교장 선생님에 의해 그 학교의 역도부 선생님으로 선임이 되었다. 하지만 신기하게도 역도부에는 힘이 센 남자들이 아닌 연약한 여자들만 있는 것이었다. 역도부 선생님이 된 이지봉(이범수)은 간단한 몸 풀기부터 시작하여 훈련의 반복을 더 해 점차 강도 높은 훈련을 수행하게 하였다. 하지만 그러한 노력에도 불구하고 역도 대회에 처음 나간 선수들은 그 누구도 역기를 들지 못하여 창피만 당하고 예선 탈락하여 다시 훈련을 시작하였다. 계속 훈련에 훈련을 거듭하던 어느 날, 그들은 마침내 역기를 들 수 있게 되었다. 역기를 드는 노하우와 호흡 순서 등을 자세히 익힌 선수들은 다음 대회에 또 다시 출전하게 되었다. 이지봉(이범수)의 다정하고 자상한 도움으로 힘을 얻은 선수들은 무게가 많이 나가는 역기들을 모두 들어 마침내 우승을 하였다. 하지만 가끔씩 지난 선수시절 다친 부상으로 인해 심장이 아파왔던 이지봉(이범수)은 수많은 약들을 복용하고 가슴을 계속 두드렸는데 그 모습을 본 학생들은 킹콩이라고 놀려댔다. 한참 시간이 흐른 후에 더욱 악화 되어가는 심장을 두드리며 훈련을 시키던 이지봉(이범수)은 학생들을 어느 다른 학교 남자 선생님에게 빼앗겨 버렸다. 하지만 그 남자 선생님은 학생들을 제대로 된 훈련을 시키지 않고 망치나 돌 같은 것으로 때리고 협박만 하였다. 학생들의 생활이 궁금했던 이지봉(이범수)은 손수 일일이 편지를 써서 우편으로 붙이려고 우체국으로 향하던 중에 매우 악화된 심장이 멈춰 그만 사망하고 말았다. 이를 안 학생들은 크게 슬퍼한다.

참조 - 네이버 영화

영화 '킹콩을 들다' 중에서 지봉(이범수)이 선수들을 독려하는 장면이다. 모두들 어렵게 우승을 위해 노력하는 모습에 더욱 용기를 북돋아 주기 위해 자신도 울컥하는 감정을 다스리며 미소를 지으며 말하는 부분이 포인트이다. '지원금 들어온 거야. 잘 모으면 등록금 정도는 모을 수 있을 거야.'라는 부분에서는 들숨을 통해 미소를 짓는 것이 포인트이고, '동기제공! 성공에는 강력한 동기가 필요한 거야.'라는 부분 역시 들숨을 통해 활기를 불어넣는 것이 필요하다. '너희들 딴 짓하면 알지? 잔고 확인한다.'라는 부분에서는 자신도 울컥하는 감정을 날숨으로 다스리는 연습을 하는 것이 중요하다.

『타짜』중, 고광렬

헤헤. 제가 화투 친 지 얼마 안 돼 가지고.. (웃으며) (화투를 돌리며) 죄송합니다. 죄송합니다. (사람들 쳐다보며) 땡이냐. 땡이냐. 땡이.. (기대하는 척) 으웩 아 이런 개패네. (실망한 척) 아이씨 아이 몰라. 7로 먹어. 패로 치냐 돈으로 치지. (3백을 건다) 안 그렇습니까? 헤헤헤. (동의 구하며) 아 죽이시고, 아 무서우시면 죽으시던가. (장난치며) 주무시기 무서우면 시집가야지 말아야지. 안 그래요? (바람잡고) 아 빨리 합시다. 돈 딸 시간도 없는데 (재촉하며) 캬 하하하하하하 화투에 침 발라났나? (화투 두장을 탁탁 맞대며) 이게 이렇게 안 떨어지네. 이게 이게 이게. (바람 잡으며) 으캬캬캬 아 이런 패로 다 먹고, (눈치 보며)

●●● 줄거리

영화의 줄거리는 다음과 같다. 가구공장에서 일하는 고니(조승우)는 우연히 박무석 일행이 치는 화투판에 끼어들어 빠져들게 된다. 점점 돈을 잃어가던 고니는 이성을 잃고 집에 들러 누나의 전셋집 마련할 돈까지 몽땅 날려버린다. 뒤늦게 타짜들의 속임에 넘어갔다는 것을 깨달은 고니는 박무석 일행에게 복수를 하기 위해 화투판에 찾아갔고 그곳에서 대한민국 넘버원 타짜 평경장을 보게 된다. 평경장에게 손기술을 배워 잃은 돈의 다섯 배만 따면 그만두겠다는 결심을 하고 평경장의 집에 장기간 체류하며 화투의 기술을 배워 간다. 그리고 실력을 쌓은 고니는 자신을 화투판에 끌어들인 박무성 일행에게 복수를 한다. 이 과정에서 고니는 정 마담(김혜수)를 만나 사랑에 빠지게 된다. 고니는 돈을 충분히 벌었다는 생각에 평경장과 이별을 하게 되지만 화투에 대한 미련을 버리지 못한다. 정 마담과 함께 화투판을 다니다가 만난 타짜 고광렬(유해진 분)을 만나 전국 화투판을 휩쓴다. 여기서 고니는 자신의 스승 평경장이 죽었다는 소식도 듣게 된다. 그러던 중에 고니에게 복수를 당한 박무성 일행이 전라도의 타짜 아귀(김윤석 분)에게 복수를 부탁하게 되고 아귀는 고니의 옛사랑 정 마담을 미끼로 해서 고니를 도박판으로 끌어들이게 된다. 고니가 배에 도착하자 이미 고광렬은 아귀에게 당해 팔목이 부러지는 부상을 당한 상태였다. 결국 고니와 아귀와 정마담은 나갈 수 없는 배에서 마지막 한판을 벌인다. 한판에 수억 원씩 오가는 화투판에서 이들은 "재산을 다 탕진한 사람은 팔목을 내놓는다."는 조건으로 최후의 화투판을 시작한다. 판돈은 점점 커져가고 고니는 이렇다 할 소득을 얻지 못한다. 그리고 재산을 점점 잃어만 간다. 그러던 중에 고니가 화투 패를 나눠주는 순간 아귀는 이상한 낌새를 눈치를 채고 고니의 팔목을 붙잡는다. 그리고 밑장빼기 속임수를 썼다며 팔목을 내놓아야 한다고 말한다. 숨도 쉴 수 없는 극도의 긴장된 상황에서 고니는 아귀에게 증거가 있냐고 말한다. 그러자 아귀는 자신에게 9땡을 줬고 정 마담에게 장땡을 주면서 자신의 돈을 잃게 했을 것이라고 자신의 생각을 단정 지어 말한다. 고니는 이를 부인하고 결국 둘은 정마담의 패가 장땡인지의 여부에 따라 팔목을 걸게 된다. 둘의 팔목이 묶인 상태에서 정마담의 화투 패를 열었다. 하지만 그 패는 땡이 아닌 사쿠라 패였다. 결국 아귀는 게임의 규칙대로 팔목을 잃게 된다. 평경장도 아귀처럼 오른쪽 팔목을 잃고 죽었다고 내뱉은 정마담의 말을 듣고 고니는 정 마담이 평경장을 죽였다는 사실을 깨닫게 되고 고니는 정 마담을 추궁하게 된다. 딴 돈의 반만 가져간다는 고니는 나머지 돈을 모두 불에 태우고 자취를 감춘다. 세월이 흘러 여전히 화투판을 다니는 정마담은 고니를 그리워한다. 하지만 고니는 외국인들이 다니는 카지노에서 여전히 도박을 즐기며 생활한다.

참조 - 네이버 영화

영화 '타짜' 중에서 고광렬(유해진)이 화투판에 있는 사람들을 정신없게 만들어서 돈을 따려는 부분이다. 여기서의 핵심은 사람들을 속이기 위해 웃음과 미소로 기만하는 감정표현이다. 웃을 때는 들숨을 활용해서 감정 표현을 하는 것이 도움이 된다. '헤헤. 제가 화투 친지 얼마 안 돼 가지고.'의 부분과 '화투에 침 발라놨나? 이게 이렇게 안 떨어지네.'하는 부분에서 사람들을 속이기 위해 거짓으로 웃음을 표현하는 감정이 중요하다. 그러한 감정을 표현하기 위해서 들숨을 활용해서 웃음을 생동감 있게 표현해 보자.

『고지전』중, 일영

우리 중대는 이 동부전선에 배치되어 미군들로부터 악어중대라는 별명으로 불리게 되었다. 왜 악어인지 아는 사람? (둘러보며) 악어는 50개정도의 알을 낳는다. 그 중 절반이상이 다른 짐승한테 먹힌다. (침착하게) 그리고 간신히 알에서 나온 새끼악어 대부분이 다른 짐승이 먹이가 되고 고작 한두마리가 어른악어로 변한다. (강조하며) 근데 근데 말이야.. (둘러보며) 그 한두마리가 50개의 알 중에서 살아남은 고작 그 한두 마리가 늪을 지배한다. 그게 악어다 (비장하게) 이게 이 전쟁에서 마지막 전투다! 이렇게 전선이 교착된 그 2년 6개월동안 50만 명이 죽었다! 하지만 우리는 살아남았다. (벅차 올라서)

●●● 줄거리

이야기의 줄거리는 다음과 같다. 1950년 6월 25일 발발한 한국전쟁은 1951년 이후 일진일퇴의 공방전을 거듭하였다. 그 와중에 판문점에서는 휴전협상이 진행되고 있었다. 하루하루 고지의 주인이 바뀌는 상황에서 남과 북의 병사들은 전쟁의 고통에 시달렸고 자나깨나 휴전이 되기만을 학수고대한다. 휴전회담의 패널로 참석하던 방첩대 강은표 중위는 연합군과 인민군의 한 치의 양보 없이 계속 결렬되는 휴전회담에 지쳐있었다. 그러던 중에 반민특위와 공산주의자 색출에 대해 실언을 하게 된다. 영창을 가리라 예상했던 그에게 동부전선 10사단 캐이먼 캠프로 가라는 명령이 떨어진다. 바로 그곳은 전략적 요충지인 애록고지를 두고 국군 정예부대 중 하나인 악어중대와 인민군의 치열한 고지탈환전이 벌어지는 곳이었다. 하지만 얼마 전 악어중대 중대장 기철진 대위가 사망했다. 전투 중 전사로 보고되었지만 부검 결과 아군 권총에 의해 사살당한 것으로 밝혀졌다. 게다가 천안에 사는 한 여자가 아군 군사우편으로 인민군의 편지를 받은 일이 발생하자, 상부에서는 악어중대 내에 인민군 내통자가 있다고 판단하고 방첩대 중위인 그를 파견하게 된다. 강은표 중위는 악어중대 신임 중대장 유재호 대위와 신병 남성식 이병과 함께 악어중대가 주둔하고 있는 동부전선 캐이먼 캠프에 도착한다. 하지만 정예부대라는 소문과 달리 춥다고 인민군복을 껴입는 오기영 중사를 비롯해서 부대 내에서 아무런 거리낌 없이 고아들을 들이는 평안도 사투리를 쓰는 양효삼 상사, 그리고 어린 나이와 모르핀 중독에도 불구하고 부대를 지휘하는 악어중대 임시중대장 신일영 대위 등, 인민군과 대치하고 있다고 생각하기 힘들 정도로 군기가 빠진 군인들을 만난다. 유재호 대위의 주도로 작전회의를 하던 중에 강은표 중위는 3년 전 자신의 소대원이었다가 실종된 김수혁을 만난다. 그는 어느새 이등병에서 중위로 진급해 악어중대의 실질적인 지휘자가 되어 있었다. 하지만 친구를 만난 기쁨도 잠시, 다음날 애록 고지는 인민군의 기습에 의해 점령되고 악어중대는 애록 고지를 재탈환하기 위해 능선으로 이동한다. 다가오는 첫 고지탈환 전투에서, 강은표 중위는 고지전의 비극적인 사실과 악어중대를 둘러 싼 이 모든 사건의 진실을 알게 된다.

참조 - 네이버 영화

영화 '고지전' 중에서 신일영 대위(이제훈)가 부하들에게 전투에서 용기를 북돋기 위해 말하는 장면이다. 말을 하면서 중간 중간에 벅찬 감정이 올라오지만 그러한 감정을 억누르고 얘기하려는 감정이 이 장면의 포인트이다. '살아남은 고작 한두 마리가 50개의 알 중에서 어른 악어로 변한다.'는 부분과 '이게 이 전쟁에 마지막 전투다.'하는 부분은 날숨을 통해 벅차오르는 감정을 누르는 표현을 해본다.

4 여자 연극대사

이번에는 여자대사 부분이다. 다양한 연극과 영화를 통해 감정표현 연습을 해보자. 남자와 마찬가지로 호흡을 통해 감정을 조절하는 방법을 연습하고 훈련하는 것이 중요하다.

『절대사절』중, 주희

'절대 사절!'도 붙여 보고. (이해 시키며) 절대 사절에 '사'자를 '죽을 사자'로도 써서 붙여 보고, (답답해서) 끝에 '절'자를 가위를 그려서 붙여 보는 등 별 짓 다했어요. (억울해서) 해도 해도 안 되니까, 나중에 안 되겠다 싶어서 호소문까지 써 봤어요. (흉내 내며) "신문을 배달하시는 지체 높으신 선생님, 엎드려 비옵건대 절대로 신문 넣지 말아 주세요. (간절히) 알았니?" (힘없이) (다시 제 목소리로) (넋 나간 듯이) 다 소용 없었어요. (신문을 가리키며) (답답) 한 건의 배달 사고도 없이 한달 분이 고스란히 모아졌죠. 고지서는 승리의 깃발 마냥 펄럭이며 날아 왔구요. (고지서를 팔랑이며) (억울) 정말이지 전 돈 때문이 아니예요.

●●● 줄거리

연극 '절대사절'의 줄거리는 다음과 같다. 결혼 5년째 아직 아이가 없는 주희는 건설회사 과장인 남편과 그런 대로 평온한 가정을 이끌어 가는 전업주부다. 어느 날, 남편이 회사의 자금난으로 한 달간 쉬게 되고, 그 기간 동안 회사에서 마련해 준 항공권으로 해외여행을 떠나게 된다. 주희는 여행을 떠난 후 현관 앞에 신문이 쌓이면 빈집인 게 드러날까 두려워 신문을 끊으려 노력한다. 그러나 신문보급을 끊겠다고 약속한 대한신문의 총무는 신문을 매번 배달한다. 급기야 주희는 새벽에 보급소를 찾아가고, 총무와의 말다툼 중 신문더미에 불을 지르게 되자 총무의 완력으로 쓰러진다. 하반신에서 피를 발견한 주희는 자신도 모르고 있던 아기가 유산된 것을 안다. 그 사건 이후 주희는 정신분열을 앓을 정도로 신문에 과민한 반응을 보이고, 남편은 아내 주희를 생각해 그 동네를 이사하게 된다. 이사한 지 한 달이 다 된 주희의 증상은 호전되고 신문도 끊었다. 그런데, 평온한 가정에 또다시 총무가 나타나 신문을 배달되기에 이른다. 남편은 구독신청을 다시 했고, 이 모든 사건이 남편의 조작이라는 생각에까지 미치게 된다. 부부싸움이 있던 날 밤, 남편은 술을 마시러 가고, 무기력해진 그녀 앞에 총무가 나타난다. 살려달라고 애원하는 주희에게 총무는 사건의 진상을 밝힌다. 보급소에서 퇴직 당한 총무가 주희를 파멸시키기 위해 꾸민 계획이었던 것이다. 총무는 실어증에 걸린다. 그 모습이 되고서야, 남편은 사건의 심각성에 눈을 뜨게 되고 총무의 퇴치 방법에 고민한 결과, 경쟁사인 민국일보에 구독신청 한다. 예상대로 총무와 민국일보 보급소 직원 간에 싸움이 벌어진다. 증오에 사로잡혀 정상이 아니던 총무가 주희 집 앞에 배달되는 민국일보를 날마다 찢어버린 것이다. 결국 남편이 예상할 수 없었던 사건까지 일어난다. 그 총무가 민국일보 보급소 직원들에게 집단 몰매를 맞고 현장에서 죽어버린 것이다. 이제 더 이상 신문은 배달되지 않는다. 그러나 실어증에 걸린 채 멍해 있는 아내를 보고 남편은 세상이 자신이 생각하는 것 마냥 상식적이지도, 인간적이지도 않고, 참 무서운 세상으로 변했음을 실감한다.

연극 '절대사절' 중에서 주희가 관객에게 자신의 답답함을 토로하는 장면이다. 그동안 신문 넣지 말아달라고 총무에게 부탁도 하고 정색도 해봤지만, 통하지 않기에 마지막으로 협박까지 해봤다는 내용이다. 들숨으로 총무의 비위를 맞추는 장면을 재연해보고 날숨으로 관객에게 답답함을 토로해보자. 이때, 비언어적인 제스처와 표정을 같이 활용함으로써 호흡을 통한 감정표현을 극대화해보자. 특히, 답답함을 토로할 때 날숨과 제스처를 생각하면서 연습해보자.

『한여름 밤의 꿈』중, 헬레나

아름다워? (황당) 누가? (짜증) 아름답다는 말 취소해. (서운) 디미트리어스는 네 아름다움에 갔어. (질투) 그래, 넌 예뻐서 좋겠다! (부러워서) 너의 눈은 사람의 눈을 빼놓고 너의 재잘대는 소리는 보리가 푸르고 찔레꽃 피는 봄날, 목동의 귀에 들리는 종달새 노래보다 더 귀여워, (생각나서) 병은 전염된다며? 생긴 건 전염 안되나? (부러워서) 네게도, 옮았으면 좋겠어. (절실하게) 지금 당장 네 생김새가 전염병처럼, 내 귀에 너의 목소리가 내 눈엔, 너의 눈이 그리고 내 혀엔 너의 혀가 만들어내는 달콤한 곡조가 병처럼 옮았으면 좋겠어. (좋아서) 네가 자리만 비워준다면 이 세계를 다 줄거야. (감추며) 디미트리어스만 빼고.

●●● 줄거리

그리스의 아테네라는 도시에는 딸이 시집을 갈 때가 되면 반드시 아버지가 고른 남자와 결혼해야 된다는 법이 있다. 그런데 허미어는 그 뜻대로 하지 않아 아버지로부터 고소가 되었다. 영주는 사흘 동안 생각해보고 정하라고 했다. 하지만 허미어는 아버지가 정해주신 디미트리우스와 절대 결혼 할 수 없었다. 왜냐하면 이미 허미어는 라이샌더와 사랑을 하고 있었고 디미트리우스는 예전에 허미어의 친구인 헬레나에게 사랑을 고백했다. 하지만 지금은 디미트리우스의 마음은 허미어로 바뀌었고 헬레나는 계속 디미트리우스만 찾아다니기 때문이다. 라이샌더와 허미어는 어쩔 도리가 없어서 도망치기로 하고 어느 숲에 갔었다. 그 숲에선 소동이 일어나고 있었는데 왕과 왕비가 심한 말다툼을 한 것이다. 왕이 헬레나와 디미트리우스를 보고 요정 퍼크를 시켜 '사랑의 꽃'을 따서 둘을 행복하게 해 주라고 했는데 그 때 허미어와 라이샌더도 들어온 것이다. 퍼크는 당연히 라이샌더에게 '사랑의꽃'을 발라서 깨어났을 때 본 사람을 사랑하는데 헬레나를 보고 만 거시다. 그래서 디미트리우스와 라이샌더는 허미어는 버려두고 헬레나만 쫓아 다녔다. 왕은 일이 커진 것을 보고 다시 원래대로 해 놓았다. 그리하여 결국 라이샌더는 허미어를 사랑하고 헬레나와 디미트리우스가 이어지게 되고 사건은 해피엔딩으로 마무리 된다.

연극 '한여름 밤의 꿈' 중에서 헬레나가 허미어의 미모를 부러워하는 장면이다. 허미어의 이목구비와 목소리를 진심으로 부러워하는 것이 이 장면의 포인트이다. 들숨으로 허미어의 하나하나 매력에 감탄해보자. 그리고 날숨으로 질투심을 표현해보자. 특히, 허미어의 미모를 강조를 할 때는 들숨을 칭찬을 하고 질투를 할 때는 날숨을 통해 감정을 표현하는 연습에 집중해보자.

『별을 수 놓은 여자』중, 헬레나

맞아요, 내가 구식인지도 몰라요. (웃으며) 그렇게 자랐났고 그렇게 느껴요. (여유) 당신 문제가 뭔 줄 알아요? (부드럽게) 당신은 느낄 줄 모른다는 거예요 (강조) 느낄 줄도 모르고, 볼 줄도 모르고, 들을 줄도 모르고, 심지어 냄새도 (비꼬며) 맡을 줄도 몰라요. 당신이 할 수 있는 거라곤 고작 생각하는 것 뿐이라구요. (강조) 신이 당신에게 준 이 훌륭한 감각들을 활용하는 방법을 배우기 전에는 (참으며) 당신은 20퍼센트 남성에 불과해요. 감각이 움직여서 당신이 날 (강하게) 미치게 사랑한다는 걸 깨달은 때쯤은 불행히도 난 여기 없을 거예요. (정색하며)

●●● 줄거리

작품 배경은 미국이다. 자그마한 잡지사 '방사성 낙진'을 운영하는 '앤디'는 훤칠한 키에 신수가 훤하지만 경영난으로 인해 어려움을 겪는다. 잡지사의 유일한 직원이자 천재적 작가인 '노만'은 짝사랑 상대에게 "당신의 냄새를 좋아한다."고 말하는 등 4차원의 엉뚱한 사내이다.

노만의 짝사랑 대상인 전 국가대표 수영선수, 수영강사 '소피'는 그런 노만의 엽기적인 행각이 불편하고 싫을 뿐이다. 하지만 오히려 앤디와 엮이게 되면서, 그와 운명처럼 사랑에 빠지게 된다.

연극 '별을 수놓은 여자' 중에서 소피가 자신을 짝사랑하는 노만의 답답한 행동에 화를 내는 장면이다. 소피가 노만의 어설픈 행동에 답답함을 느껴 화를 내는 부분이 포인트이다. 화가 났을 때 날숨으로 화를 가라앉히는 감정표현 연습을 해보자. 또한, 억지로 미소를 지으면서 말을 해보자. 실제로 여유 있게 말하는 것이 아니라 여유 있는 척을 하는 것이므로 들숨을 통해서 미소를 짓는 감정표현을 연습해보자.

5 여자 영화대사

이번에는 여자 영화대사이다. 영화를 보고 대사 연습을 해보면 구체적인 상황들이 머릿속에 그려지기 때문에 더 효과를 볼 수 있다. 만약, 영화를 볼 시간이나 여건이 되지 않을 수도 있기 때문에 줄거리를 상세히 설명을 했으니 줄거리를 참조해서 대사를 통한 감정표현 연습을 하면 도움이 될 수 있을 것이다. 영화의 경우 연극 대사보다 좀 더 자연스럽게 감정을 표현해보자.

『써니』중, 리더 - 영화

어이, 작두 타는 년, 간만이다. (피식) 아 이런 쌍, 하 춘희가 얘기 안하디? (차분하게)
여기 우리 구역이라고, 펭고펭고를 넘겼으면 여긴 얼쩡대지 말았어야지, 이 년아. (부드럽게)
다 들었어, 어디 시골서 올라온 촌년이 구라질이야, 그때 진짠지 알고 (화를 누르며)
밤에 화장실도 못 갔잖아. 너네 이름 만들었더라. 써니? 종환 오빠가 져 줬다매? (비꼬며)
우리도 소녀시대 이름 촌시럽다고 해서 바꿀 거야. 영어로 핑.클! (빈정거리며)
일단 돈 좀 빌려줘봐 (위압적으로)

●●● 줄거리

전라도 벌교 전학생 나미는 긴장하면 터져 나오는 사투리 탓에 첫날부터 날라리들의 놀림감이 된다. 이때 범상치 않는 포스의 친구들이 어리버리한 그녀를 도와주는데… 그들은 진덕여고 의리짱 춘화, 쌍꺼풀에 목숨 건 못난이 장미, 욕 배틀 대표주자 진희, 괴력의 다구발 문학소녀 금옥, 미스코리아를 꿈꾸는 사차원 복희 그리고 도도한 얼음공주 수지. 나미는 이들의 새 멤버가 되어 경쟁그룹 '소녀시대'와의 맞짱 대결에서 할머니로부터 전수받은 사투리 욕 신공으로 위기상황을 모면하는 대활약을 펼친다. 일곱 명의 단짝 친구들은 언제까지나 함께 하자는 맹세로 칠공주 '써니'를 결성하고 학교축제 때 선보일 공연을 야심차게 준비하지만 축제 당일, 뜻밖의 사고가 일어나 뿔뿔이 흩어지게 된다. 그로부터 25년 후, 잘 나가는 남편과 예쁜 딸을 둔 나미의 삶은 무언가 2프로 부족하다. 어느 날 '써니짱' 춘화와 마주친 나미는 재회의 기쁨을 나누며, '써니' 멤버들을 찾아 나서기로 결심하는데… 가족에게만 매어있던 일상에서 벗어나 추억 속 친구들을 찾아 나선 나미는 그 시절 눈부신 우정을 떠올리며 가장 행복했던 순간의 자신과 만나게 된다.

참조 - 네이버 영화

영화 '써니' 중에서 리더가 써니 패거리에게 위압감을 주며 기를 꺾는 장면이다. 써니 패를 아예 기를 죽이려고 빈정거리며 무시하며 기를 죽이는 기세가 포인트이다. 자기한테 기어오르는 것에 대한 기분 나쁨과 화를 날숨으로 다스리는 감정 표현 연습과 더불어 상대방을 제어하는 느낌을 숨을 참으며 조금씩 호흡을 내뱉으며 기세가 담긴 감정을 표현하는 것이 이 대사의 포인트이다.

『미녀는 괴로워』중, 한나

너무 부족한 게 많아서 헤어지셨어요? (무섭기까지 한 미소) (차분하게) 왜 벌써 헤어지셨어요. (화를 누르며) 왜 살 빼는게 싫어서 그러셨어요? (부드럽게) 살 빼면 오빠 화낸다. 그러셨잖아요? (정색하며)
차라리 뚱뚱해서 싫다고, 물건이나 좀 팔아달라고, 솔직하게 말씀하시지.. (화가 치밀어올라)
사랑하는데 왜 헤어지니 이자식아!!1(숯검댕이를 패기 시작한다)
(억울해서) 뚱뚱하다고 바보냐, 바보야? 왜 애를 두 번 죽이세요!!! 이 나쁜 놈아! (따지며) 뚱뚱한 게 죄니? (강하게) 못생기면 사람도 아냐? 별레야? 호구야? 우리도 여자야!

●●● 줄거리

영화의 주인공은 강한나이다. 그녀는 키만 169cm. 거대한 체구를 가졌다. 그리고 자신이 그녀에게 허락한 유일한 선물은 바로 천상의 목소리뿐이다. 가수를 꿈꾸지만, 외모 때문에 어쩔 수 없이 미녀 가수 아미의 립싱크에 대신 노래를 불러주는 얼굴 없는 처량한 가수 신세이다. 그것만으로는 생계를 위해 밤에는 폰팅 알바까지 뛰고 있다. 아마추어의 음반 프로듀서 한상준은 그런 그녀의 음악성을 인정해준다. 그리고 한나는 그런 상준을 짝사랑한다. 짝사랑에 몸달아하던 그녀는 드디어 꿈에 그리던 그의 생일파티에 초대받게 되는데, 그런 그녀에게 빨간 드레스가 퀵서비스로 배달되어 온다. 한나는 상준이 자신에게 보냈다고 생각하고, 그 옷을 입고, 들뜬 마음으로 한껏 멋을 부리고 나타나는데, 알고 보니 아미가 한나를 쪽 줄려고 일부러 보내고, 자신도 똑같은 옷을 입고 파티에 나타난 것이다. 상준은 아미를 불러내어, 제대로 된 노래를 부를 수도 없으면서 뭐 하는 짓이냐고 질타한다. 그리고 우리는 한나를 이용하고 있는 것이니, 도망가기 전에 잘해줘라 등의 말하는 소리를 화장실에 있다가 몰래 엿듣게 된다. 집에 돌아간 한나는 가스를 틀어놓고, 자살을 시도한다. 그 때 걸려 온 한통의 전화가 걸려온다. 바로 폰팅 상대였던 공학이었다. 이공학은 잘나가는 성형외과 의사였는데, 한나는 새롭게 변신을 해보고자 결심한다. 그렇게 잠수를 탄 한나는 공학을 통해 1년 만에 완벽한 S라인 미녀로 다시 태어난다.

참조 - 네이버 영화

영화 '미녀는 괴로워' 중에서 한나가 소개팅 남자에게 그동안의 분풀이를 하는 장면이다. 그동안 외모로 인해 상처받고 스트레스에 시달렸는데 소개팅 남자에게 자신의 외모가 평가절하 되자 답답하고 억눌렸던 이야기를 한다. 처음엔 화가 나지만 날숨으로 자제하다가 이성적으로 얘기를 하려는 노력을 하는 것이 포인트이다. 하지만 뒤로 갈수록 점점 제어가 되지 않는다. 그럼에도 날숨으로 화를 다스리는 감정 표현 연습을 하는 것이 이 부분의 포인트이다.

『싱글즈』중, 나난

아, 사실 어떡해야 할지 모르겠어, (이해시키며) 휴.. 이래도 후회, 저래도 후회 할거야. (시크한 척) 나 보기보다 성질 더럽거든? (짜증내며) 천 만원 벌어다 줘도 앉아대면서 바가지 막 긁을지 몰라. 맨날 술 퍼 먹고 자증부릴지도 몰라. (반응) 지금은 내가 (눈물참고) 무슨 짓을 해도 이쁘대지만., 그럼 엄청 짜증날 거야. 나 그러기 싫어. (설득) 후회하기 싫어. 내가 좋아하는 사람, 괴롭히기 싫어.. 나 사실, (솔직하게) 무지하게 쪽팔렸다. (답답해서) 남자 하나 나타나니까 다 이뤄지는 것도 쪽 팔리고 자기한테 기댈 생각만 하는 내가 쪽 팔렸어. 지금은 아니야. 난 아직 혼자서도 못 서있는 거 같아. (침착하게) 나 결혼할 수 없어.

●●● 줄거리

영화 '싱글즈'는 총 4개의 부분으로 이루어졌다.

첫째, 나난의 이야기
나난은 이미 전 남자친구에게 이별을 통보받았다. 그와의 이별로 인해 상심을 하지만 열심히 살아가고 열심히 잊으려 한다. 그러나 그와 다시 만나자 혼란스러워진다. 게다가 눈치 없게 구는 수헌(현재의 애인)에게 짜증이 난다. 결국 수헌에게 화를 내지만 수헌은 이해해 준다. 그리고 그 상황에서 나난에게 프러포즈를 한다. 수헌은 결혼을 하고 뉴욕으로 함께 가자고 제안을 한다. 그 제안을 받고 갈등을 하는데 결국 자신이 좋아하는 것이 일이라는 것을 깨닫고 수헌의 프러포즈를 거절한다.

둘째, 정준의 이야기
정준은 사랑하는 여자를 위해 배려하는 착하고 소심한 남자이다. 그런데 그런 그에게 애인이 생겼다. 식사 메뉴는 온통 그녀가 먹고 싶어 하는 것만 먹으러 다니고, 자신의 주장은 하지 않아 그녀가 화를 낼 정도로 어수룩하고 소심하다. 그녀는 '오빠는 정말 착하다.'라고 말했지만 돈 많고 능력 있는 사람과 결혼을 한다고 한다. 정준의 순수함과 지고지순한 사랑은 실패로 돌아가고 그는 좌절한다.

셋째, 동미의 이야기
동미는 야한 이야기를 거침이 없이 한다. 그리고 자신의 생각을 주저 없이 말하고 자신감 있게 행동하는 여자이다. 동미는 벤처사업가가 꿈이다. 즉, 성공한 커리어우먼을 꿈꾼다. 결혼에는 관심 없으며 남편의 도움을 바라지 않고 오직 스스로의 힘으로 해결하려는 의지가 확고하다. 룸메이트이자 죽마고우인 정준의 애인이 양다리라는 사실과 그녀가 다른 사람과 결혼한다는 말에 분개한다. 그리고 그녀를 헐뜯는 말을 해서 정준과 싸우게 된다. 화해의 술자리를 갖고, 술에 취해 정준과 잠자리를 같이한 동미는 그 자리를 계기로 임신을 하게 된다. 하지만 정준에게는 말하지 않고 자신의 아이를 낳고 키우기로 마음을 먹는다.

넷째, 수헌의 이야기
잘생긴 수헌은 나난의 패션디자인 사무실 바로 위층에서 일한다. 나난에게 반한 수헌이지만 둔한 그녀는 전혀 눈치 채지 못한다. 어느 날 그녀가 레스토랑으로 발령을 받게 된다. 수헌은 매일 친구들을 이끌고 그곳으로 출근을 한다. 그러던 어느 날 나난의 상사가 나난에게 함부로 구는 것을 보고 상사에게 폭행을 가한다. 이 사건을 계기로 둘의 만남이 시작되고 점점 관계는 깊어진다. 드디어 그녀에게 청혼을 해서 승낙을 얻어내지만 그녀는 자신의 꿈을 포기하지 못하고 결국 그의 프러포즈를 거절한다.

참조 - 네이버 영화

영화 '싱글즈' 중에서 결혼에 대해 신중하게 고민을 하던 나난이 수헌에게 프로포즈를 거절하는 부분이다. 나난의 답답한 감정을 날숨으로 차분하게 가라앉혀 보자. 때로는 억지로 미소를 지으면서 때로는 차분하게 설명을 한다. 나난의 감정변화를 생동감 있게 표현해 보자. 특히, 억지로 미소를 지을 때는 들숨을 차분하게 설명을 할 때는 날숨을 통해 감정을 표현해 보자.

『범죄와의 전쟁』중, 여사장

(여사장에게 악수를 청하는 익현, 악수를 받으며 피식) (여유 있게) 그래요? (판호 가리키며) (툭 던지며) 서로 인사하세요. (반응) 저희 가게 김판호 전 뭅니다. 그래 (날카롭게) 뭔 얘길 하시려고 이래 다 모아라 했습니까? (서류를 보며) 그 얘기 할라고 (위압감 있게) 다 모으라 한 겁니까?... 뭔 부탁을 하실 건데요? 어떤 (피식) 사람을요? (약 올리며) 능한 상무가 있어서... 최 사장님이 부탁하신 건 좀 힘들 것 같네요. (여유 있게) 어서 굴러먹던 분인지는 잘 모르겠는데... (여유 있게 협박하며) 이쯤에서 그만 하시는게 신상에 좋을 겁니다... (담배 연기를 익현에서 내뿜는 여사장)

●●● 줄거리

영화 '범죄와의 전쟁'은 노태우 전 대통령 시절 부패와 폭력이 만연하던 시절을 배경으로 하고 있다. 먼저, 비리 세관 공무원 최익현, 보스 최형배를 만난다. 1982년 부산, 비리로 해고될 위기에 처한 세관원 최익현(최민식)은 순찰 중 적발한 히로뽕을 일본으로 밀수출한다. 그리고 마지막으로 한탕하기 위한 부산 최대 조직의 젊은 보스 최형배(하정우)와 손을 잡는다.

잔머리를 쓰는 익현과 주먹 쓰는 형배가 뭉쳐서 부산을 접수하기 시작한다.
임기응변이 탁월한 익현은 그 특유의 친화력으로 형배의 신뢰를 얻는데 성공하고 주먹 넘버원 형배와 로비의 신 익현은 함께 힘을 합쳐 부산을 접수하기 시작한다. 그리고 두 남자 앞에 나쁜 놈들의 전성시대가 펼쳐진다.

최고가 되고 싶은 나쁜 놈들이 한 판 승부를 벌인다.
하지만 1990년 범죄와의 전쟁이 선포되자 조직의 의리는 금이 가고 넘버원이 되고 싶은 나쁜 놈들 사이의 배신이 시작된다. 그리고 그들은 살아남기 위해 벌이는 치열한 한판 승부를 벌인다. 익현은 형배를 밀고하고 수사망을 좁힌 경찰들이 밀항하려는 형배를 잡으려고 한다. 하지만 이를 눈치 챈 형배가 필사적으로 차 안에서 도망가려고 하나 결국 잡히고 만다. 그리고 두 남자의 꿈은 산산조각이 난다.

참조 - 네이버 영화

영화 '범죄와의 전쟁' 중에서 여사장이 패권싸움에서 이기려고 기 싸움을 하는 장면이다. 강단 있게 여유를 가지고 침착하지만 단호하게 얘기를 해야 한다. 긴장은 되지만 날숨을 통해 최대한 포커페이스를 유지하고 들숨을 통해 미소를 짓는 감정표현이다. '그래요?'하는 부분은 기분 나쁘지만 일부러 가소롭게 비웃는 감정이다. '뭔 얘길 하시려고 이리 다 모이라 했습니까?' 부분은 위압감 있게 허튼 수작을 하지 말라고 차분히 경고하는 감정이다. 특히, 그러한 포커페이스를 유지하는 부분에서 날숨으로 평정심을 유지하는 것이 이 부분의 감정 표현 포인트이다.

『내 아내의 모든 것』중, 정인

전 운동 싫어해요 저, 좋아하는게 없어서, 좋아하는 게 꼭 있어야 되나요? (당차게)
야! 누가 이렇게 더들래? 니네 엄마 누구야? 눈치를 안보고 살아서 그래요. (강조하며)
예의만 지키면 눈치는 안 봐도 된다고 생각하니까. (어이없어서)
전 제 앞에 눈치 보는 사람 진짜 별로거든요. 피차 불편하고 어색하고, (태연하게)
상대방을 불편하고 어색하게 만드는 거. 그거야 말로 경우에 없는 짓 아닐까요? (당차게)
외동딸이 뭐 어때서? 출생 환경으로 그렇게 사람 판단하고 그러면 안 되지? (따지며)
여기 외동딸이 나 하날까? 외동딸이신 분 손 좀 들어 보시겠어요? 왜이래 이거? (되물으며)
모든 외동딸들을 남자, 여자. 외동딸 이렇게 사회의 소수자로 만드는 이야기라고! (강하게)

••• 줄거리

남들이 보기엔 모든 것을 갖춘 최고의 여자 정인(임수정)이다. 완벽한 요리 실력은 물론 예쁘고 사랑스러운 외모, 그리고 섹시하기까지 하다. 그런데 그녀에게 단점이 있다. 바로 입만 열면 쏟아내는 불평과 독설로 인해 남편 두현(이선균)에겐 결혼생활 하루하루가 죽을 맛이다. 매일 수백 번씩 이혼을 결심하지만 아내가 무서워 이혼의 '이'자도 꺼내지 못하는 소심한 남편 두현. 그런 아내와 헤어질 방법은 단 하나뿐이다. 바로 그녀가 먼저 두현을 떠나게 하는 것이다. 아내가 싫어하는 짓만 골라하며 소심한 반항을 해보지만 눈도 까딱 않는 정인으로 인해 두현은 절망에 빠진다. 하지만 어떤 여자든 사랑의 노예로 만들어 버리는 비범한 능력을 지녔다는 전설의 카사노바 성기(류승룡)를 만나 두현은 절호의 기회를 얻게 된다. '제발, 제 아내를 유혹해 주세요.'라는 말로 성기를 찾아간다. 이제 은퇴를 선언하고 은둔의 삶을 선택한 그에게 두현은 카사노바 일생의 화룡점정을 위한 마지막 여자로 정인을 유혹해 달라고 부탁하지만 오히려 그녀에게 빠지고 만다. 이에 상황을 파악한 두현이 성기와 싸우고 아내의 맘을 돌리려 하지만 이미 아내는 돌이킬 수 없는 강을 건너고 만다. 그리고 술집에서 아내의 진심어린 얘기를 들으면서 자신의 행동을 뼈저리게 뉘우치게 된다.

참조 - 네이버 영화

영화 '내 아내의 모든 것' 중에서 정인이 자신의 생각을 주관대로 표현하는 부분이다. 파티에서 아이에게 조용히 하라고 하며 예의 없다고 아주머니들이 편견을 가지고 얘기하자 자신의 생각을 피력하는 부분이다. 여기서의 포인트는 자신의 생각을 얘기하면서 의견을 강하게 주장하는 것이다. 그런데 스스로는 자신의 생각을 침착하고 조리 있게 얘기하려고 하는데 흥분하다 보니까 그 조절이 안 돼서 흥분해서 얘기한다. 특히, '상대방을 불편하고 어색하게 만드는 거, 그거야 말로 경우에 없는 짓 아닐까요?' 하는 부분에서 날숨으로 침착함을 유지하려는 호흡이 중요하다. 날숨으로 평정심을 유지하면서 자신의 생각을 조리 있게 얘기하려는 노력이 이 대사의 감정 포인트이다.

> **『연애의 온도』중, 장영**
>
> 내가? 내가 내 맘대로 라고? 하나부터 열까지 다 맞춰주고 있는데 내 맘대로 라고? (화를 참으며) 말 한마디라도 실수할까 봐 내가 또 뭘 잘못이라도 해서 옛날처럼 될까 봐 아무것도 안하고 있는데, 뭐가 내 맘대로 라는 얘기야? (억울해서) 너야말로 솔직해 져봐. (냉정하게) 억지로 나와서 억지로 즐거운 척하면서 사람 피 말리지 말고 처음부터 나오기 싫었다고 나랑 있으면 좋지도 않다고 솔직하게 말이라도 하라고. (강하게) 너 맨날 이러는거 알아? (비꼬며) 옛날부터 지금까지 툭하면 사람 눈치 보게 만들면서 힘들게 하더니 결국, 결국엔 너 변한거 하나도 없어. (강조하며) 아무리 시간이 지나도 그대로야. (답답해하며)

●●● 줄거리

영화의 이야기는 이렇다. 같은 은행에 다니는 이동희(이민기)와 장영(김민희)는 사내커플이다. 이 둘의 연애 사실을 알고 있는 사람은 단 한 명 외에는 없다. 그런데 이 사내 커플이 헤어지면서 영화는 시작된다. 헤어진 연인이지만 같은 회사를 다니는 탓에 그 둘은 계속해서 마주치게 되고 서로에게 깔끔하지 못한 행동들을 주고받는다. 그러던 중에 영(김민희)이와 같은 직장 차장과의 이상한 소문을 듣게 된 동희(이민기)는 무작정 차장을 찾아가 때려눕힌다. 이러한 과정에서 동희(이민기)와 영(김민희)이는 서로의 사랑을 확인하고 다시 만나기 시작한다. 한번 헤어진 경험이 있는 이들은 서로를 더욱 배려하며 노력한다. 하지만 이들은 결국 전에 헤어졌던 비슷한 이유로 다시 헤어지게 된다. 그리고 1년 뒤 그 둘은 영화관에서 다시 우연히 만나게 된다.

참조 - 네이버 영화

영화 '연애의 온도' 중에서 장영(김민희)가 이동희(이민기)에게 그동안 자신의 답답한 마음을 토로하는 장면이다. 여기서의 핵심은 처음에 장영이 차분하게 자신의 답답함을 얘기하다가 점차 감정이 격해져서 감정표현을 하는 부분이다. 처음에는 날숨으로 스스로를 진정시키면서 이성적으로 얘기하는데 점차 이성이 제어가 되지 않아 감정적으로 표현한다. 또한, 자신의 감정을 진정시키려고 오히려 들숨을 통해 웃는 감정표현 부분도 있다. '뭐가 내 맘대로 라는 얘기야? 너야 말로 솔직해져 봐.'라고 하는 부분은 포커페이스를 유지하려고 오히려 들숨을 활용하는 것이 좋다. 바로 자신의 감정을 숨기기 위해 날숨과 들숨을 적절히 활용하는 것이 부분의 감정 표현 포인트이다.

연극과 영화 대사를 통해 감정표현 연습을 해봤다. 감정 연습이 생각보다는 쉽지 않을 수 있다. 연기자들의 경우 체계적인 교육을 받기 때문에 보다 훈련이 수월할 수 있지만, 일반적인 경우는 그런 연습을 할 여건이 되지 않기 때문에 집중을 하는 데 어려움을 겪을 수가 있다.

하지만 지금 이 책을 보시는 분들은 연기자가 되려고 하는 것이 아니라, 감정표현을 통해 실생활의 다양한 상황에 적응하는 것이 중요하기 때문에 가벼운 마음으로 연습을 하는 것이 좋다. 연습을 하다가 잘 표현이 안 되는 부분은 해설 부분을 참조해서 반복적으로 연습을 하면 충분히 효과를 얻을 수 있을 것이다.

part 5

감성 스피치 표현

1 자기소개

살면서 우리는 어떤 자리에서건 자기소개를 할 상황을 많이 겪게 된다. 그렇기 때문에 자기소개를 연습한다는 것은 모든 사람을 대면할 준비를 하는 것이다.

자기소개를 하려면, 일단 자신에 대해 알아야 한다. 나의 장단점이 무엇인지 또는 특기는 무엇이고 어떤 가치관을 따르고 있는지 한 번 A4용지에 적어보라.

왜냐하면, 우리는 자기소개를 하는 수많은 공식, 비공식적인 자리에서 자신이 어떤 사람인지를 모르기 때문에 "소개해 보세요."라는 말에 당황하기 쉽다.

그렇기 때문에 자기소개를 잘하려면 '나 자신'을 잘 알아야 한다.

자기소개는 단순히 이름을 얘기하는 것이 아니라, 자신이 어떤 사람인지를 인상적으로 소개하는 것을 의미한다. 물론 모든 상황에서 자신을 인상적으로 소개할 필요는 없다. 중요한 것은 상황에 따른 적절한 자기소개이다. 예를 들어, 길을 지나가다가 친구가 아는 사람을 만나 나를 소개하는데, 그때는 구구절절 모든 소개를 할 필요가 없기 때문에, 간단하게 이름만 얘기하고 기분 좋은 인사말을 건네는 것이 상황에 맞다.

소개팅이나 미팅 시의 자기소개는 깔끔하면서 인상적인 소개가 좋다. 가령, 본인이 키가 작을 때는 "안녕하세요. 000입니다. 저는 비록 키가 작지만, 오히려 그렇기 때문에 제가 사랑하는 사람을 우러러볼 수 있습니다." 등의 짧고 간결하면서도 재치 있는 말 한마디를 구사하는 것이 상대방에게 강렬한 인상을 남길 수 있다.

하지만 자신을 비하하거나 지나친 자랑을 통한 소개는 지양해야 할 부분이다. 예를 들어, "저는 뚱뚱합니다. 한마디로 돼지죠. 평생 먹다 죽을 거 같아요." 등의 소개는 인상적이긴 하지만, 자칫 매력을 떨어뜨릴 수 있기 때문에 스스로 비하하는 유머는 조심해야 한다.

또한, 술자리처럼 사석에서 편하게 얘기할 수 있는 자리에서는 진지한 소개보다는 재미있는 소개가 좋다. 너무도 딱딱한 자기소개는 자칫 흥에 겨운 술자리에 찬물을 끼얹을 수 있기 때문이다. 예컨대, "저는 000입니다. 보시다시피 이렇게 말랐습니다. 그래서 살이 찌기 위해, 이렇게 먹다 죽을 수도 있겠구나. 할 정도로 먹어도 토하다 죽을 것만 같아서 포기했습니다." 또는 "저는 향수로 이태리 명품 페브리즈를 씁니다. 그래서 오늘도 섬유질 향기가 나죠." 등의 재미를 주려는 소개는 술자리 상황에 맞을 수 있다.

그리고 자기소개를 할 때는 1분 30초를 넘기면 지루할 수 있기 때문에 간결하게 자신의 특징 등을 한가지로 이야기하는 것이 좋다. 생각해보라. 수많은 사람이 자기소개를 하는데 그 많은 사람들이 나를 기억하려면 얼마나 간결하고 인상적으로 이야기해야 하겠는가.

또한, 소개할 때, "이런 자리에서 어떻게 말을 할지…" 또는, "제가 이런 말을 해도 될지…" 등의 사족을 빼는 것이 중요하다. 그 쓸데없는 말이 이미 1분 이상을 차지하게 되면 듣는 사람들은 지루함을 느낄 수밖에 없다.

다음은 가장 어렵다는 형식적인 자리, 또는 많은 청중들 앞에서 자기소개이다.

입사면접, 또는 발표자리 등에서 우리는 그런 자기소개를 해야 하는데, 이때는 너무 지나친 유머를 구사하기보다는, 청중들에게 신뢰를 주면서 구체적으로 자신에 대한 얘기나 이곳을 지원하게 된 동기에 대해 얘기하는 것이 중요하다.

예를 들어, "저는 OOO입니다. 저는 중학교 때부터 노인들에 대한 봉사활동을 했습니다. 그 이유는 할아버지의 말씀 때문이었습니다. 제게는 늘 저를 따뜻하게 보살펴 주신 할아버지가 계셨고, 할아버지께서는 언제나 '어울림'과 '나눔'에 대해서 말씀해 주셨습니다. 그래서 저는 복지사로서 행정업무와 실무업무의 실천 이전에 '나눔'과 '사랑'을 실천하고 싶어서 사회복지 직에 지원하게 되었습니다." 등과 같이 신뢰를 주면서도 구체적인 소신을 얘기하는 것이 좋다.

형식적인 자리에서는 유머를 과하게 사용하다보면 오히려 가벼워 보일 수 있기 때문에, 너무 지나친 유머를 하지 않으려 신경 써야 한다.

물론 형식적인 자리가 강의나 사회라면 얘기가 달라진다. 이때는 적절한 품격 있는 유머를 사용해서 경직된 분위기를 푸는 것이 중요하다.

"안녕하세요. 저는 오늘 이 자리의 사회자 000입니다. 박수가 약하네요. 다시 한 번 입장하겠습니다. 반갑습니다. 000입니다. 역시 저의 인기를 실감할 수 있는 자리네요. 저는 오늘 여러분들께 한 가지 약속을 드립니다. 그것은 바로 이 자리가 끝나면 집에 가실 때 '커피 한 잔'이나 '와인 한 잔'을 생각나게 해 드리도록 하겠습니다.

이런 식의 청중의 딱딱한 마음을 여는 인사말과 자기소개를 하는 것이 좋다.

하지만, 가령 "저는 000입니다. 전 술을 좋아해서 한 번 술을 먹을 때, 부모형제 못 알아 볼 정도로 마십니다. 사실 어제도 술을 마셔 지금도 약간 인사불성입니다. 앞으로는 저를 고주망태라 불러주십시오." 이런 소개는 술자리에서는 적당할지는 모르지만, 형식적이고 공식적인 자리에서는 민망한 자기소개가 될 수 있다.

이때 중요한 점은 이러한 적재적소의 어휘와 더불어 어떻게 비언어를 활용하는가 하는 점이다. 자기소개의 경우 자신의 인상을 호감 있게 상대방에게 전달하는 것이 가장 중요하다. 그렇기 때문에 부드러운 시선과 인두강과 비강을 적절히 활용하는 목소리, 곡선의 움직임이 무엇보다 중요하다.

때로는 사람들에게 인상적으로 보이기 위해 강한 톤과 움직임으로 말하는 사람이 있는데 그러한 부분은 오히려 위압적인 느낌이 들 수 있다. 부드럽지만 단단한 느낌과 강한 느낌은 다르기 때문이다.

이처럼 상황에 맞는 적재적소의 자기소개는 듣는 사람들로 하여금, 때로는 신뢰를 갖기도 하고, 때로는 즐거움을 주기도 한다.

그렇기 때문에, 내 자신을 어떻게 어필할 지, 그리고 어떤 식의 자기소개를 할지는 살면서 끊임없이 고민해 봐야할 숙제일 것이다.

2 대화

앉아서 말하기는 의자에 앉아서 얘기하는 스피치의 모든 것이다.

주로 실생활에서의 테이블이나 의자에 앉아 얘기하는 것, 회의, 토의 등을 얘기하는 것을 말한다.

테이블 스피치를 할 때 중요한 점은 맘을 편하게 갖고 테이블 주변에 앉아 있는 사람과 눈 맞춤을 하면서 자연스럽게 호응하고 자기의 얘기를 하는 것이다. 너무 느긋하게 의자에 기대어 앉는다거나, 다리를 떠는 습관은 상대방에게 불편함을 줄 수 있기 때문에 자제해야 한다.

상대방의 이야기를 들을 때는 그냥 소극적으로 듣는 것이 아니라, 마음 속 깊이 그 사람의 이야기에 동조를 해야 한다.

예를 들어, 어떤 사람이 "저는 스파게티를 좋아해요."라고 말을 했는데 "아 그렇군요."라든가 "네" 등의 소극적인 호응보다는 "맞아요. 특히 00 스파게티가 맛있더라고요." 등의 적극적인 호응이 중요하다.

또한 "제가 요새 몸이 예전 같지 같아요."라고 얘기를 했는데, "요새 어디가 좋아요? 여행 가고 싶은데." 등의 자기 위주의 말이나 상대방의 말에 동문서답하는 태도는 인간관계를 소원하게 하는 지름길이다.

경청과 적극적인 반응이야말로 테이블 스피치의 시금석이라고 할 수 있다.

아무리 말을 잘하더라도 일방적으로 자기 말만 하거나 자기 위주의 생각으로 대화를 진행한다면 처음에는 호감으로 그 사람을 대하더라도 점차로 그 사람의 얘기에 집중을 하지 않을뿐더러 그 사람 자체를 기피하게 된다.

예전에 어떤 분이 파티에서 너무나 말을 잘해서 거기에 있는 모든 분들이 호감을 갖고 얘기를 들은 적이 있었다.
그런데 처음의 그 호감은 얘기가 길어질수록 반감으로 바뀌고 사람들은 그 분의 얘기에 지쳐갔다. 그럼에도 불구하고 그분은 다른 사람의 이야기를 끊어 더욱 눈총을 산 경우가 있었고, 파티에서 그의 모습을 더는 볼 수 없었다.

그렇기 때문에 말을 잘하려면 자신의 얘기를 많이 하려고 노력하는 것보다는 상대방의 이야기를 들어줘야 한다.

그렇다면 어떻게 상대방의 얘기를 들어줘야 하는가?

- 상대방의 눈을 바라볼 것
- 진심으로 들어줄 것
- 마음으로 이해할 것
- 반응을 해주면서 들을 것
- 비언어로 호응할 것

그리고 이야기를 할 때는 눈 맞춤을 충분히 하면서 적절하게 제스처를 취하면서 자신의 이야기를 이끌어 나가야 한다.

즉, 비언어로 호응을 해야 상대방의 공감을 이끌어낼 수 있다.

대화에서의 비언어는 눈 맞춤, 호흡, 감탄사, 거리, 제스처 등이 있을 수 있다. 상대방의 얘기를 듣는다는 것은 '그래.', '응.' 등의 어휘적 공감도 있지만 더 중요한 부분은 그 말을 할 때의 따뜻한 눈빛과 따스한 음성 그리고 부드러운 고갯짓이나 움직임이 수반돼야 상대방의 마음을 움직일 수가 있다.

또한 다양한 상황에 맞추어 다양한 주제로 대화를 이끄는 것도 아주 중요한 부분이다.

그러려면 평소에 상식을 많이 알고 있어야 다양한 분야에 맞추어 얘기를 할 수가 있다.

취미, 여행, 날씨, 정치 경제, 핫이슈, 영화, 책 등 다양한 분야에 상식을 많이 알고 있어야 그 분위기에서 다양한 소재를 꺼낼 수 있다.

가령, 어떤 모임에서 칸영화제 수상에 대해 얘기하고 있는데, "칸은 어느 나라냐, 사람이름이냐?" 등의 얘기를 건넨다면 무안을 받을 수가 있다.

따라서 풍부한 상식과 독서야 말로 좋은 대화를 이끄는 초석이라고 할 수 있다.

- 공통관심사를 가지고 얘기할 것
  (날씨, 취미, 여행, 음식, 교육, 스포츠 등)
- 종교, 편중된 정치 얘기는 피하는 게 좋다
- 즐겁고 긍정적인 얘기를 할 것
- 상대방의 얘기를 경청하고 호응을 해줄 것

왜 갈등이 생길까?

그것은 '나의 주장은 옳고 상대방은 틀리다.' 라는 편협한 생각에서 비롯된다.

옛말에 "가는 말이 고와야 오는 말이 곱다"라는 말이 있듯이, 내가 그 사람에게 존중을 받으려면 먼저 존중을 해야 한다.

그렇기 때문에, 먼저 상대방을 챙겨주고, 자꾸 칭찬해주고, 고민을 진심으로 들어주다 보면, 사이가 더 돈독해질 수밖에 없다.

가족 사이는 소통의 부재와 오해로 인해 오히려 더 소원해질 수 있다.
서양 속담 중에 "가까운 지인이 먼 친척보다 낫다"라는 말은 이와 같은 경우를 두고 한 말이다.

아빠와 딸이 얘기를 한다.

아빠 : 지금 뭐하니?
딸 : 공부해요.
아빠 : 요새 무슨 고민 있니?
딸 : 아니요 없어요.
아빠 : 그런데 안색이 왜 그래?
딸 : 원래 그래요...
아빠 : 그렇구나..

저 위의 대화들은 전부 '자기위주의 듣기' 즉, 듣고 싶은 것만 듣는 버릇에서 비롯된 것이다.

듣는다는 것은 마음을 헤아린다는 것이지 소리를 듣는 것이 아니다.

상대방의 말을 진심을 기울여서 들어보라. 그러면 상대방이 원하는 게 무엇인지, 그리고 어떤 부분 때문에 힘들어하는 지를 잘 이해할 수 있다. 다시 아빠와 딸이 얘기를 한다.

아빠 : 지금 뭐하니?

딸 : 공부해요.

아빠 : 요새 무슨 고민 있니?

딸 : 아니요 없어요.

아빠 : 그런데 안색이 왜 그래?

딸 : 원래 그래요...

아빠 : 아냐, 무슨 고민이 있는 것 같은데, 예전과 많이 안색이 달라

딸 : 그냥 그래요.

아빠 : 얘기해봐, 아빠도 네 나이 때 여러 가지 고민이 많았어, 학교생활 때문이니?

딸 : 네 그냥.. 좀..

아빠 : 음. 학교가 많이 널 힘들게 하는구나, 괜찮으니까 말해봐.. 친구 문제니?

딸 : 네..

이번엔 자기위주의 듣기가 아닌 상대방의 입장에서 들어줄 때의 모습이다 상대방의 입장에서 상대방의 마음을 헤아리는 것이 중요하다. 즉 귀로 듣는 것은 들리는 것이지 이해하거나 공감하는 것이 아니라는 것이다.

급변하는 시대일수록, 빠름을 요구하는 시대일수록 '자기 위주의 생각' 역시 가속화 될 소지가 다분하지만, 그러면 그럴수록 사람관계는 더욱 소원해 질 수밖에 없다.

친한 친구나 가족 사이일수록 오히려 예의를 더 지켜야 한다. 편하다고 해서 함부로 하는 것만큼 관계를 멀게 하는 것은 없다. 가족일수록 더욱

칭찬을 해주고, 아껴줘야 한다.
왜냐하면 가족만큼 자기편이 되어주는 곳은 없기 때문이다.

경청	• 상대방의 얘기를 듣는다(경청)
대화	• 차분히 대화를 한다. • 정확한 갈등의 원인을 파악한다(갈등원인)
타협	• 상대방의 의견 인정(인정) • 구체적 합의점을 찾는다(해결방안)

소통의 방법은 먼저 '경청'하는 것이다. 그러고 나서 '대화'를 해야 하고 그리고 나서 '조율'을 해야 한다.

상대방의 이야기를 진심으로 경청했다면 다음의 과정은 '대화'이다.

대화에서 중요한 부분은 갈등의 원인을 적극적으로 찾고 긍정적으로 대화의 분위기를 이끄는 것이다. 상대방과 얘기를 하다보면 마찰이 있게 된다. 그럴 때 그 사람과 왜 갈등이 생겼는지 그리고 그 사람이 원하는 것이 무엇인지를 정확히 헤아려야 하고 칭찬과 인정으로서 긍정적인 대화를 이끌어야 한다.
헤어지는 커플들을 보면 기대치가 높기 때문에, 내가 하는 것보다 오히려 받기를 원했기 때문에, 내가 다가가는 것보다 다가오기를 바랐던 알량한 자존심 때문에 헤어짐의 원인을 제공하는 사례들을 많이 본다. 사랑에는 '자존심'이 필요가 없다. 오히려 사랑을 방해하는 '장애물'인 것이다.

지인, 친분 등도 마찬가지다. 모두 사람과의 관계다.
그리고 사람관계에서는 한가지로 통하는 게 있다. 그것은 바로 먼저 그 사람에게 다가가고, 인정해주고, 칭찬해주는 것이다. 먼저 다가갔을 때 적대감을 느끼는 사람은 거의 없다. 먼저 마음을 열고, 진실로서 사람을 대하라. 그럼 그 사람도 결국 마음을 열게 되어 있다. 그리고 '진실한 관계'가 형성이 되는 것이다. 그것이 사람과의 '관계'를 형성하는 방법이다.

이제 소통의 마지막 단계인 '타협'이다.

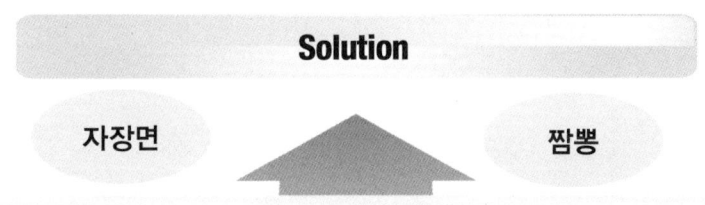

1. 짬짜면을 먹는다.
2. 자장면을 먹고 다음에 짬뽕을 먹는다.
3. 짬뽕을 먹고 다음에 자장면을 먹는다.
4. 각각 자장면과 짬뽕을 먹는다.

타협의 해결방안은 바로 상대방에 대한 '배려와 양보'이다.
가장 좋은 방법은 서로의 원하는 바를 동시에 얻는 것이지만, 그것이 힘들 경우에는 먼저 양보하고 그리고 나서 상대방에게 주장을 해야 한다.

양보가 선행되지 않는 타협은 있을 수 없다.

그것은 결국 갈등만 나올 수밖에 없다. 상대방에게 요구하기 전에 먼저 자신의 어떤 부분을 양보하라. 그럼 상대방도 어느 정도 양보를 할 수 밖에 없게 된다.

면접

1. 자신만의 인상적인 자기소개와 자소서
2. 지피지기면 백전백승(철저한 기업조사)
3. 모든 질문에 대한 완벽한 시뮬레이션
4. 면접관과의 기 싸움에서 침착함 유지

면접 리서치에 의하면 면접관이 면접자를 뽑은 이유의 70%이상은 바로 '면접태도'이다. 아무리 면접자가 논리적으로 자신의 소개와 인상적인 답변을 했다 하더라도 면접관에게 호감을 주지 못한다면 채용이 되지 못한다는 의미이다.

면접의 첫 번째는 자기소개다. 자기소개는 첫인상이기 때문에 1분 이내의 시간 동안 '나'라는 사람을 면접관에게 인상적으로 알리는 것이다.

자기소개는 인위적이지 않으면서 나만의 개성과 장점을 알려야 한다.

예를 들어, "안녕하세요. 저는 000입니다. 사람이 살면서 가장 중요한 점은 인내심과 배려라고 생각합니다. 전 다른 건 몰라도 어렸을 때부터 대학 때까지 회장을 도와 팀원들을 아우르는 능력과 인내심은 몸에 배어 있다고 생각합니다."

자기소개의 포인트는 나에 대해 정확히 알고 나만의 장점과 개성을 파악하는 것이다. 그 파악이 끝나면 인위적이지 않고 자연스러워 보일 때까지 음성, 발음, 표정을 계속 연습해야 한다. 사실 음성과 발음 그리고 표정 때문에 자신이 준비해온 스토리를 망치는 경우가 다반사이다. 그렇기 때문에 녹음기보다 더 좋은 핸드폰이나 카메라를 이용해 틈틈이 자신의 자기소개 또는 1분 스피치 모습을 촬영하고 점검하는 것이 중요하다.

실제 자기소개를 하듯이 시뮬레이션을 해야 음성, 발음, 표정 등의 비언어를 점검할 수 있다.

면접은 크게 인성면접, 실무면접, 압박면접, PT면접, 토론면접으로 나눌 수 있다.

인성면접은 면접에 있어서 부담스러워 하는 과정 중 하나이다. 기업에서 공을 들여 인성면접을 하는 이유는 바로 '좋은 사람'을 뽑는 일이기 때문이라고 할 수 있다. 실제로 성적과 적성으로 인재채용을 했는데 소통과 커뮤니케이션에서 문제가 많아 골칫덩어리로 전락하는 사원이 많은 만큼 기업에서도 점점 신중히 생각하는 면접이 바로 인성면접이다.

성적만으로는 판단할 수 없는 개개인의 사고방식이나 가치관을 세밀하게 관찰할 수 있는 방법이다. 인성면접에서 긍정적인 이미지를 남기고 최종합격을 이루어내기 위해서는 이에 대한 대비가 필요하다.

인성면접은 말 그대로 지원자의 성격과 관련한 덕성 및 인성을 보고자 하는 것이 목적이기 때문에 소신 있게 말하는 것도 중요하지만, 그것보다 더 중요한 것은 바로 면접에 임하는 태도다.

바른 모습을 보여주려는 나머지 긴장해서 옷을 자주 만지거나 손을 주무르는 경우 또는 다리를 떨거나 머리카락을 만지는 경우가 많으니 이 점에 대해 각별히 신경 써야 한다.

이에 반해 실무 또는 적성면접은 실무적인 자질이나 적성을 보는 면접 유형이다.

실무면접에서 중요한 부분은 바로 실무에 대한 '명철한 지식과 분명한 소신'이다.

예를 들어, 대학면접 국어국문과에서 시적 허용, 카프 등에 대한 국문과에 맞는 소양과 지식에 대한 지식을 물어봤는데, 거기에 대한 답변이 충분하지 않을 경우 적성에 적합하지 않다고 판단할 수 있다. 기업에서도 마찬가지다. 대기업, 공기업 또는 일반기업에서의 실무면접은 굉장히 날카롭다.

가령, 광고회사 면접시험에서 "디자인과 관련된 경험이 있나요?"라고 물었을 때는 "제가 대학 때 디자인 동아리를 들었는데 그곳에서 기획 디자인 및 분석을 통해 이론적인 지식을 쌓았고, 00회사에 아르바이트로 일을 하면서 꾸준한 실무지식을 쌓았습니다."라고 구체적인 근거로 얘기해야 한다. 외국계기업에서는 당연히 영어나 외국어에 대한 실무능력이 중요하기 때문에 외국어로 유창하게 소통할 수 있는 능력을 배양해야 한다.

압박면접은 기업 면접이나 최종면접 또는 공무원면접에서 주로 하는 네거티브 면접유형이다. 말 그대로 어떻게 하면 면접자를 당황하게 할까를 연구한다.

그렇기 때문에 생각지도 못한 또는 날카롭게 허를 찌르는 질문에 대응하는 대범함과 침착함 그리고 유연성이 아주 중요하다. 마치 칼이 자신의 앞으로 오는 상황에서도 똑바로 칼을 쳐다볼 줄 아는 '호연지기'가 중요한 것이다.

가령, 성적이 좋지 않네요?" 라고 물었을 때 "네, 성적은 하지만 성격은 좋습니다."라고 말하는 것은 센스가 탁월한 답변이지만, "성적이 왜 중요하죠?"라든가 "네 성적이 안 좋습니다. 제가 좀 머리가 나쁜 것 같습니다."라는 대답은 유연함이 떨어지는 답변이다.

그런 대범함과 센스를 키우는 능력은 바로 연습이다. 꾸준한 연습을 통해 어떠한 질문에도 당황하지 않고 여유를 가지고 면접관에게 대처할 수 있는 훈련을 해야 한다.

또 하나의 면접형태로 '토론면접'이 있다.

토론면접은 4명~6명 정도가 조를 이루어 주제에 따른 찬반논쟁을 벌이는 면접이다.
가령, '군대 가산점'에 대한 찬반 토론을 할 때 찬성과 반대 기조연설, 그리고 찬반 토론, 최후변론 식으로 구성이 된다.

토론 면접에서 중요한 부분은 **논지의 핵심, 사실적 근거, 논리적 전개**이다.

예를 들어 '군대 가산점'에 대해 찬성을 한다고 했을 때, 2년이라는 시간 동안 희생을 했기 때문에 사회적 보상이 필요하다는 '논지의 핵심'을 갖고 있어야 하는 것이 중요하다. 그리고 논지를 풀어갈 때는 가령, 군대에서 2년간 어떻게 희생했고 그 시간을 어떻게 보내는지를 구체적인 근거로서 얘기해야 한다. 마지막으로 서론, 본론, 결론을 매끄럽게 이을 수 있는 논리적 전개가 요구된다.

또 다른 형태로 'PT 면접'이 있다.

PT 면접은 A4용지에 목차와 핵심내용을 적어 프레젠테이션을 하는 것이다. 이때는 명확한 핵심논지를 가지고 스토리텔링을 전개해야 한다. 면접관이 처음부터 끝까지 집중하기는 힘들기 때문에 특히 도입부와 결론을 명확히 얘기하는 것이 중요하다.

예컨대, "저는 고령화 대책에 대한 발표를 하겠습니다. 먼저 고령화의 실태 그리고 고령화의 원인과 배경, 마지막으로 고령화의 대책을 말씀드리겠습니다. (중략) 고령화는 저출산과 밀접한 관련이 있습니다. 특히 중요한 사교육비의 절감 부분과 사회 안전망의 형성이 되지 않는 한 저출산 문제가 해결될 수 없습니다. 특히 최근 몇 년간의 저출산 문제는 매우 심각하기 때문에 고령화를 통한 사회적 문제를 해결하려면 저출산에 대한 제도적 장치를 반드시 구축해야 합니다." 라는 식으로 논리적인 전개를 하는 것이 좋다.

'모든 면접에서 가장 중요한 것이 무엇이냐?'라고 묻는다면 단언컨대 '핵심키워드'라고 말할 수 있다.

면접을 비롯해서 모든 스피치에서 가장 근간을 이루는 것은 바로 핵심키워드이다.
면접을 하다보면 '내가 지금 무슨 얘기를 하고 있지?' 또는 '어디까지 얘기했더라?'라는 생각을 부지불식간에 하게 된다.

핵심키워드가 분명하면 이러한 혼란을 줄일 수가 있다.

가령, 실무면접에서 면접관이 "우리 광고회사의 디자인을 향상시킬만한 자신만의 전략은 어떤 거예요?"라고 물었다고 가정해보자.

여기서 핵심키워드는 무엇인가? '디자인 향상에 대한 자신만의 전략'이다. 이것이 가장 중요한 질문의 요지이다.

따라서 답변을 할 때도 질문의 핵심을 놓치면 안 되는 것이다.

두 가지 답변의 예를 들어보겠다.

첫 번째는 "네, 제 생각엔 현재 광고의 마케팅의 미흡한 요소라고 생각합니다. 현대에서는 마케팅이 너무나 중요하기 때문에 디자인에 대한 마케팅 특히 온라인 쪽을 공략해서 파워블로그와 SNS 특히 카카오스토리를 공략해야 한다고 생각합니다."

두 번째는 "네, 지금 A 회사의 디자인은 미국의 B사 디자인을 모태로 하고 있습니다. 하지만 그럴 경우 20, 30대의 수요에서 멀어질 수 있다고 생각합니다. 현재의 자동차 디자인은 곡선형 또는 여성스러운 디자인과 더불어 심플한 느낌을 선호합니다. 따라서 미국 B사보다는 독일의 C사의 디자인을 벤치마킹하는 것이 좋은 전략이라고 생각합니다."

이 두 가지 답변에서의 차이점을 분명히 찾았다면 당신은 핵심키워드를 놓치지 않았다고 생각한다.

첫 번째는 '디자인에 대한 전략'이 아니라 '마케팅에 대한 전략'으로 답변을 했다. 그리고 두 번째는 '디자인의 전략에 대한 자신만의 해결책'을 내세웠다.

따라서 면접관은 두 번째의 답변을 듣고 신뢰를 느낄 수 있을 것이다.

PT 면접에서도 마찬가지이다.

가령, '한국 FTA의 문제'에 대한 PT 면접을 하는데, A는 "저는 한국 FTA의 현황과 FTA의 실태 그리고 마지막으로 FTA의 문제점을 말씀드리겠습니다."라고 말을 했고, B는 "저는 한국 FTA의 현황, 그리고 문제점 마지막으로 해결책에 대해 말씀드리겠습니다."라고 말을 했을 때 면접관은 누구의 말에 귀를 기울이겠는가? 그리고 그 이유는 무엇인가?

A는 '한국 FTA의 문제'에 대한 핵심키워드를 도입부까진 지켰지만, 본론과 결론에서 자영FTA 실태와 FTA의 문제점으로 범위를 너무 넓혀놓아서 무엇을 얘기하는 지가 모호해졌다. 반면 B는 한국 FTA와 문제점 그리고 해결책을 일목요연하게 논리적으로 정렬했다.

이처럼 핵심키워드는 말을 할 때의 뿌리와 근간이 된다. 그리고 그 핵심을 바탕으로 스토리텔링 즉, 이야기구성을 하면 누구나 면접에서 좋은 점수를 받을 수밖에 없다.

면접은 종류별로 공무원 면접, 일반 기업면접, 학교면접 등 정말 다양한 면접이 있다.
'지피지기면 백전백승'이라는 말처럼 기업의 종류에 따라 기업의 '인재상', '경영철학', '시사'를 정확히 간파하고 면접을 봐야 한다.

먼저 공무원 면접은 신뢰를 기반으로 얼마나 진실하게 공무원업무를 수행할 수 있는지 '정직'과 '신뢰'를 높이 본다.

일반 기업면접도 보수적인 기업이냐 창의적인 기업이냐에 따라 복장 및 태도를 달리해야 한다.

벤처기업과 같은 곳에서는 보수적인 느낌의 정장보다는 세미 정장이나 캐주얼 정장이 더 어울릴 수 있다.

답변도 진부한 답변보다는 그 사람의 '개성'과 '창의성'이 빛을 발할 수 있도록 자신만의 창의적인 생각과 진취적인 생각을 말하는 것이 중요하다.
반면 보수적인 느낌의 회사에서는 '창의성'보다는 '성실함'과 '신뢰'를 기반으로 답변하는 것이 아무래도 점수를 후하게 받을 수 있다.

면접은 때와 장소와 환경에 따라 다르게 해야 한다.

하지만 기본은 '진실함'이다. 어떤 면접이든 '가식'보다는 '진실'이 통하기 때문이다.

'진실함'을 바탕으로 상황과 장소에 맞게 유연하게 말을 하는 것이 중요하다.

'진정성'과 더불어 면접을 할 때 중요한 부분은 '좋은 인상을 심어주는 일'이다.

예컨대 "왜 이곳에 입사지원을 하게 되었습니까?" 라는 질문을 받았을 때, "이곳이 저의 역량을 가장 잘 발휘할 곳이기 때문입니다." 또는 "여러 곳을 생각해 보았지만, 이곳이 가장 끌려서입니다." 라는 말보다는 "여기 OO 기업이 광고나 홍보보다 내실을 위한 경영으로 연 매출 1조를 달성한 것처럼 제가 대학 시절에 300만 원의 자본금으로 쇼핑몰을 시작해서 월 매출 3,000만 원의 실적을 올린 경험으로 지금의 극심한 경쟁 구도에서 살아남을 수 있는 창의적인 아이템을 개발하는 데 최선을 다하겠습니다." 등의 인상적인 말이 면접관의 뇌리에 각인될 수 있다.

인상적으로 말을 하려면 진부한 내용이나 표현보다는 그 사람만의 개성과 상황을 살리는 참신함이 중요하다. 즉, 같은 표현이라도 어디서 많이 듣고 본 내용이 아니라, 신선하면서도 생생한 표현을 하는 것이 인상적으로 각인될 수 있는 길이다.

그러려면 평소에 자신만의 표현과 어휘력을 가지고 있어야 한다. 역시 그 표현과 어휘력은 독서와 같은 배경지식을 통해 얻을 수 있다.

면접에 있어 '유연성' 또한 당락을 좌우할 수 있는 중요한 키워드다.

'유연성'은 말 그대로 어떤 상황과 말에도 유연하게 대처할 수 있는 능력을 얘기한다.

특히 면접 자리에서는 다양한 질문과 돌발적인 상황이 나올 수 있기 때문에 적재적소의 유연한 대처는 특히나 면접에서 빛을 발휘할 수 있다.

가령 면접관이 "자기개발을 위해 어떤 것을 하고 있나요?" 라고 물을 때, "저는 매일 아침 일본어를 외국인에게 직접 배우고 저녁에는 자격증을 위해 준비하고 있습니다."라고 구체적으로 답변하는 것도 좋지만, "저는 자기개발을 위해 밥을 꼬박꼬박 먹고 있습니다. 체력은 국력이라고 했습니다. 삼시세끼를 잘 챙겨먹으면 건강이 좋아지고 또한 무엇이든지 배울 수 있는 힘을 비축할 수 있습니다."라고 대답한다면 조금 더 유연한 대답이 될 수도 있다.

이처럼 면접에서 비언어의 역할을 매우 중요하다.

면접에서는 다른 자리와는 달리 시선과 목소리, 화술과 감정표현이 중요하다. 즉, 제스처는 PT면접을 제외하고는 자제하는 것이 좋다. 왜냐하면 면접에서는 자신의 표현을 과감하게 하는 것보다는 겸양의 미를 발휘해서 하는 것을 선호하기 때문이다. 이 부분 역시 조금씩 변화하고 있다. 그렇지만 아직 우리나라는 자기표현을 외국처럼 거침없이 하는 것보다는 겸손하게 하는 것을 선호하기 때문에 제스처의 경우 과감해지면 약간의 거부감을 느낄 수도 있다.

면접에서는 진정성을 바탕으로 인상적인 그리고 때로는 유연한 답변이 빛을 발휘할 수 있다.

 설득

감성적으로 설득을 한다는 의미는 언어 외적인 감정, 표정, 태도, 눈빛, 목소리, 제스처 등으로 상대방의 마음을 침투한다는 의미이다.

우리가 누군가에게 설득할 때 과연 논리적으로만 얘기를 할까? 그렇지 않다. 실제로는 감성적으로 어필해서 상대방의 마음을 침투하는 경우가 더 많다.

가령, 우리가 면접을 할 때 논리적으로 대답을 하는 것도 면접관에게 어필할 수 있는 좋은 방법이지만 실제로 면접관이 가장 많이 보는 것은 '면접태도'이다.

바로 이 면접태도가 비언어적 설득 즉, 감성적 설득이라 할 수 있다.

또한, 어떤 발표를 할 때도 가령, '영화투자 설명회'를 한다고 했을 때 발표자는 왜 영화투자가 필요한지 그리고 어느 정도의 수익을 창출할 수 있을지, 투자대비 효과는 어떠한지에 대해 청중에게 논리적으로 얘기해야 한다.

하지만 논리적인 설득 외에도 감성적인 설득이 존재한다. 여기서의 감성적인 설득이란 투자자에게 진정성 있는 태도, 눈빛, 목소리 그리고 말에 강약을 조절하면서 제스처로 완급을 조절하면서 말을 하는 것이다.

청중이 발표자의 확신에 찬 눈빛에서 신뢰를 찾을 것이고 발표자의 진정성 있는 목소리와 태도에서 호감을 느낄 수 있을 것이다.

대화에서도 마찬가지이다.

가령, 한 친구가 다른 친구들의 말은 듣지 않고 자기의 주장만 고집한다고 치자. 그랬을 때 어떤 친구가 참지 못하고 그 고집스러운 친구에게 이렇게 말을 한다. "너는 너무 네 생각만 하는 것 같아. 네가 중요한 것처럼 다른 사람의 의견도 존중할 줄 알아야지. 자기만 존중받길 원하고 남을 무시하는 것은 어폐가 있지 않아?"라고 말이다.

그 친구의 얘기는 일관성 있는 핵심과 예시의 구체적인 논리로써 말을 했기 때문에 충분히 설득력을 가질 수 있다.

그런데 이런 대화를 할 때 어떤 분위기를 조성했는가도 중요할 수 있다. 왜냐하면 그 고집스런 친구의 입장에서는 아무리 논리적인 얘기일지라도 자존심이 상할 수 있는 부분이기 때문에 오히려 반감을 살 수도 있다.

감성적인 설득을 하는 경우엔 친구에게 먼저 따뜻한 미소를 건네면서 부드럽게 "너의 입장을 어느 정도 이해해. 나 역시 그럴 때도 있으니까.

근데 난 우리가 더 돈독해 졌으면 좋겠어. 솔직히 네 말에 상처받은 친구들도 있거든. 네 말이 그런 의도는 아니겠지만 가끔 친구들을 무시하는 것처럼 들릴 때도 있어."라고 말하는 방법이다.

여기서의 감성적인 부분은 바로 '따뜻한 미소', '부드러운 태도와 목소리' 등을 들 수 있다.

이성의 마음을 얻을 때도 마찬가지이다.

우리가 흔히 고백이나 프러포즈를 할 때 상대방이 무슨 말을 했는가도 중요하지만, 사실 고백을 할 때의 진정성 있는 눈빛, 떨리는 음성, 발그레한 수줍은 얼굴이 더 감동을 줄 수 있다.

왜냐하면, 논리적으로 상대방을 왜 좋아하는지 애기할 때는 이성적으로 공감을 심어줄 수는 있지만, 그 사람의 마음을 침투할 수는 없기 때문이다.

그렇기 때문에 감성적인 설득 역시 이성적인 설득만큼이나 중요하다고 볼 수 있다. 즉, 논리적인 설득이 상대방의 이성을 침투하는 것이라면 비언어적인 감성적 설득은 상대방의 마음을 얻는 것이다.
설득을 할 때 고려해야 하는 부분이 바로 상대방의 방어벽을 무너뜨리는 것이다. 사람은 자신을 방어하기 위한 '항상성'이라는 것이 있는데 그 항상성을 유지하는 것이 바로 자율신경계이다. 자율신경에 교감신경과 부교감신경이 있는 것이다. 교감신경은 우리의 몸을 방어하기 위해 긴장을 유발하는 성질이 있고, 부교감신경은 우리의 몸을 원래대로 회귀하기 위해 이완하는 성질이 있다.

사람마다 최적의 리듬이라는 것이 있다. 그 리듬은 바로 교감신경과 부교감신경이 마치 오케스트라의 기분 좋은 연주처럼 일정한 상태의 흐름으로 움직이는 것이다.

교감신경에도 긍정과 부정의 감정이 있다. 긍정적인 감정은 설렘이나 흥분을 유발하는 도파민과 결합되었을 때의 감정이고 부정적인 감정은 누군가 자신을 공격하거나 스스로를 적극적으로 방어하기 위해 아드레날린과 결합될 때의 감정이다.

부교감신경에도 두 가지가 있다. 긍정적인 부교감신경은 아세텔콜린이라는 호르몬과 날숨이 결합되었을 때 편안함을 주는 역할을 한다. 부정적인 부교감신경은 코르티솔이라는 호르몬과 날숨이 결합할 때 나오는 우울함과 지루함이다.

설득을 잘하려면 처음이 방어적이고 공격적인 교감신경을 서서히 녹여서 설렘을 주는 도파민의 긍정적인 교감신경과 편안함을 주는 아세틸콜린과 결합된 부교감신경을 자극해 긍적적인 항상성의 리듬을 만들어 주는 것이다.

즉, 설득을 잘하는 사람은 상대방의 긴장을 유발하는 교감신경을 서서히 녹여 긍정적인 교감신경과 부교감신경으로 활성화하는 것을 잘하는 사람이다.

사람은 자신을 방어하기 위한 항상성을 갖고 있다. 신체적으로 항상성이라 하고 심리학적으로는 자존심이라고 한다.

설득에서 바로 이러한 부분을 잘 생각하고 접근하는 것이 중요하다. 즉, 방어벽과 자존심을 은근한 공감대와 부드러운 제스처와 화술로써 접근해야 어느새 듣는 이도 모르게 설득이 되는 것이다.

가령, 결혼 승낙을 받기 위해 부모님을 상황이라고 가정해보자. 먼저 부모님이 결혼에 대해 호의적인 반응이라면 설득에 유리할 수가 있다. 부모님 역시 내가 상대방에 대해 좋은 반응을 보이든지 또는 결혼하는 것에 대해 거부감을 받지 않는다면 설득이 쉬울 수가 있다.

그렇다면 부모님이 상대방에 가는 것에 대해 반감을 품고 있을 때는? 바로 그러한 상황이 설득에 불리한 조건이 될 수가 있다.

이때는 부모님의 반응에 당황하지 않고 침착함을 유지하면서 '왜' 그 친구와 결혼할 수밖에 없는지를 논리적으로 얘기해야 한다. 가령, 앞으로의 비전과 그리고 나의 능력, 결혼생활에 대한 나의 계획에 대해 논리적인 당위성을 얘기하는 것이 부모님의 이성을 지배할 수 있는 방법이다. 하지만 논리적인 당위성만큼 중요한 것이 설득을 할 때의 분위기이다. 만약 부모님이 바쁜 상황이나 피곤한 상태라면 그때 설득을 하는 것은 바람직하지 않다. 왜냐하면, 실패할 확률이 높기 때문이다. 상대방의 이성을 지배하는 것만큼이나 감성을 침투하는 것은 중요한 일이다. 왜냐하면, 감성을 침투한다는 것은 상대방의 방어벽을 무너뜨려 나의 의견을 관철할 수 있는 기회를 만드는 것이기 때문이다.

따라서 설득을 할 수 있는 분위기를 만들어야 조금이라도 유리한 입장에서 나의 의견을 말할 수가 있다. 그럼에도 불구하고 상대방의 나의 의견에 방어적이라면? 그럴 때는 논리적인 방법과 더불어 감성적인 즉, 비언어적인 방법을 동원해야 한다. 여기서의 비언어적인 설득이란, 진심어린 눈빛과 목소리 그리고 감정과 제스처를 이용해서 상대방의 마음을 침투하는 것이다.

우리가 흔히 '마음 약해지게 왜 그래?'라고 말하는 것은 이미 마음이 흔들리고 있다는 증표이다.

즉, 상대방에게 논리적으로 얘기하는 것과 동시에 대화를 할 수 있는 부드러운 분위기를 유지하면서 비언어적인 진심 가득한 말투와 감정을 가지고 말하는 것이다.
예를 들어, "내가 로봇학과를 갈 수밖에 없는 이유는 첫 번째 내가 로봇에 대해 너무 좋아해서야. 그리고 내가 충분히 잘할 수 있어서고. 그리고 앞으로 로봇에 대한 진로가 밝기 때문에 내가 졸업을 할 때쯤이면 충분히 밥을 먹고 살 수 있을 정도로 로봇 산업이 발전해 있을 거야."라고 논리적으로 얘기를 해서 '왜 내가 로봇학과를 갈 수 밖에 없는지'를 논리적으로 얘기해서 이성적인 설득을 한다면, 감성적으로는 시선을 마주치면서 부모님에게 진심어린 눈빛을 보내며 진정성 있는 목소리와 감정으로 호소한다면 설득 효과는 배가 될 수 있다는 것이다.

1. 침착함과 여유를 잃지 않음
2. '왜'라는 질문에 대한 논리적 당위성
3. 상대방 마음을 타이밍에 맞추어 이성과 감성을 동원해 지배함

 발표

말 그대로 강단이나 서서 말을 하는 것이다.

자기소개, 강의, 사회진행 등의 형태로 나눌 수 있다.

대부분의 경우 앉아서 얘기하는 것은 청산유수처럼 가능하지만, 서서 말할 경우 시선 처리나 손동작 등이 어색하기 마련이다.

아무리 말을 잘하는 달변가들도 서서 말하기는 부담을 느낄 수밖에 없다.

왜냐하면, 서서 말하는 순간 대중들은 경계심을 갖기 마련이고, 앉아서 말하는 것에 비해 친근감이 현저히 떨어지기 마련이기 때문이다.

이것을 극복하는 방법은 누구나 서서 말하는 것에 대해 자연스럽지 못하다는 것을 인정하는 것이다.

그리고 청중에 대한 공포를 극복하려면 역시 청중을 적이라 생각하지 말고 자신의 지인인 양 최대한 편하게 마음을 먹고 대하는 것이다.
그렇게 되면 청중에 대한 공포가 서서히 해결이 될 수 있다.

이때 주의할 점은 표정이 경직되면 안 된다는 것이다. **청중에게 기대하기보다는 스스로 먼저 다가가려는 노력해야 한다.**

웃으면서 청중들의 눈을 바라보며 대화하고 서로 교감하려 노력하는 것이 중요하다.

또한 청중의 이야기에 마음 깊숙이 귀를 기울여서 맞장구 쳐주고 호응을 해주는 것이 매우 중요하다.

그렇다면 공포가 해소되고 교감이 형성되고 매력적인 스피치가 시작이 된다.

무대에서의 공포가 해결이 되면, 그 다음 과제는 어떻게 청중들의 마음속으로 침투 하는가 이다. 마음속으로 침투를 하려면 화자는 너무 이성적인 스피치보다는 이성과 감성의 적절한 조화와 리듬과 템포의 화술과 제스처가 있어야 한다.

리듬과 템포는 앞에서 얘기했다시피 음의 고저, 장단, 강약으로 음악처럼 스피치에 재미를 주는 것을 말한다. 아무리 좋은 내용도 표현이 음악처럼 재미를 주지 않는다면 청중들은 화자의 얘기에 더는 귀를 기울이기 어렵다.

또한, 제스처 역시 서서 말하기의 중요한 요소지만, 과유불급이라고 너무 많은 제스처는 오히려 말의 핵심을 흐리는 부분이다.

가령, 거제도의 풍경을 얘기할 때 "거제도는 바다가 너무나 예쁜 섬으로써 해마다 많은 관광객이 그 절경을 보기 위해 찾아옵니다." 라고 그냥 말로만 얘기하는 것보다 '많은 관광객'이나 '절경' 부분에서 손을 펴 보이면서 제스처를 한다면 훨씬 더 실감 나는 표현이 될 수 있다.

즉, 내용과 더불어 그 내용을 어떻게 표현하는가가 좋은 서서 말하기의 관건이라 할 수 있다.

6 프레젠테이션

발표자

1. 명확한 내용 전달
   (음성, 발음)
2. 생동감 있는 화술
   (음의 강약, 고저, 강조)
3. 시선처리와 제스처
   (시선, 정적, 동적 움직임)
4. 유연한 태도
   (질의응답, 유연한 대처)
5. 비언어적 설득과 논리적 설득

발표할 때 논리적인 설득은 청중의 '뇌'를 자극하지만, 비언어적인 설득은 청중의 '마음'을 사로잡는다.

따라서 비언어적인 표현을 통해 청중의 마음을 얻는 것이 무엇보다 중요하다.

발표할 때 부정확한 발음은 청중들에게 피로감을 준다. 또한, 목석과 같은 표정과 자기만의 나쁜 습관도 프레젠테이션의 내용을 방해하는 요소이다.

따라서 화자는 정확한 발음과 안정된 소리로 내용을 전달하는 것이 무엇보다 중요하다.

또한, 표정 역시 발표에 중요한 역할을 한다.
부드럽고 밝은 표정은 청중에게 신뢰감을 줄 수 있고, 반대로 어둡고 부정적인 표정은 청중을 답답하고 경직되게 만드는 요인이다.
그렇기 때문에 평소에 거울을 보고 웃는 연습을 하거나 사람들을 대할 때 웃는 얼굴로 대하는 것은 무척 중요한 일이다.

아무리 좋은 내용이라도 그 표현이 지루하거나 딱딱하다면 청중들은 그 프레젠테이션에 집중을 하기가 힘들다. 그렇기 때문에 내용을 어떻게 귀에 쏙쏙 들어올 수 있게 인상적으로 말하는가가 중요하다.

프레젠테이션을 인상적으로 표현하기 위한 키워드는 바로 '리듬과 템포'이다.

이 '리듬과 템포'에 대해서는 지난 장에서도 충분히 언급했지만 프레젠테이션을 바탕으로 한 번 더 풀어보자.

바로 음의 고저와 강약 그리고 강조와 변화를 통해 리듬과 템포를 만들 수 있다.

가령 자기소개를 프레젠테이션 하는 데 있어서 '서론'을 자라온 환경, '본론'을 자신의 능력과 가능성에 대해, '결론'을 앞으로의 계획으로 내용을 구성했다고 하자.

그리고 그 내용 중에 "성공하기 위해서 필요한 것은 바로 '자신감'과 '인내심'입니다."라고 말하는 부분이 있을 때, '성공하기 위해서 필요한 것은'을 조금 큰소리고 얘기하고 '자신감과 인내심입니다.'를 한 템포 쉬고 작은 소리로 얘기한다면 후자가 더 강조될 수 있다.

또한, '성공하기 위해서 필요한 것은'을 조금 빨리 얘기하고 '자신감과 인내심입니다.'를 천천히 얘기하는 것도 후자를 강조하기 위한 좋은 방법이다.

하지만 프레젠테이션의 경우는 조금 형식적인 스피치이기 때문에 리듬과 템포를 너무 남발하거나 마치 사회를 진행하듯이 가벼운 느낌을 주는 것은 역효과를 나을 수 있다.

그렇기 때문에 진중한 느낌을 주되 지루하지 않고 인상적인 프레젠테이션을 위해 집어줄 부분을 정확히 집어주고 강조할 부분을 톤의 변화와 리듬과 템포를 통해 얘기한다면, 내용뿐만 아니라 표현 역시 인상적이고 감동적인 프레젠테이션으로 마무리할 수 있다.

영화를 볼 때 처음에 재미없으면 그 영화는 성공하지 못할 확률이 매우 높아진다. 여기서의 재미란 웃기는 것을 얘기하는 것이 아니라 '흥미'를 얘기한다.

프레젠테이션을 할 때 제목, 소제목 등이 그래서 중요한 것이다.

제목과 소제목은 청중들에게는 첫인상과 같은 것이기 때문에 가급적이면 시작부터 청중을 사로잡을 수 있는 '흥미'를 유발할 수 있는 내용이어야 한다.

가령, 정보 프레젠테이션을 할 때 '건강'이라는 제목보다는 '10년 더 장수하는 비결' 또는 '당신의 건강나이는 몇 살입니까?'라는 제목이 더 시선을 사로잡을 수 있다. 물론 너무 자극적인 소재나 허황된 제목은 오히려 반감을 일으킬 수 있기 때문에 이야기의 주제에 맞는 적합한 제목이어야 한다.

판촉 프레젠테이션도 마찬가지이다.

'마케팅전략'보다는 '20% 매출 증진을 위한 마케팅방법', '50대를 끌어들이기 위한 마케팅' 등의 구체적이면서 흥미를 줄 수 있는 제목으로 하는 것이 더 좋은 방법이다.

물론 모든 소제목마다 자극을 주게 되면 과유불급이라고 오히려 악영향을 끼칠 수 있다. 즉 모든 부분을 다 강조하는 것이 아니라, 제목, 특정 부분 또는 꼭 강조해야 할 부분에 흥미를 유발하라는 것이다.

제목과 소제목에 흥미를 유발했다면 다음은 디자인이다.

디자인은 이야기를 받쳐줘야 한다. 이야기가 드라마에서 '주연'이라면 디자인은 '조연'으로 주연을 받쳐 주는 역할을 해야 한다.

이야기에 맞는 강조할 부분에 있어서의 색상과 디자인 또는 템플릿 다이어그램을 디자인하는데 있어서도 진부한 디자인보다는 새롭고 신선한 느낌이 훨씬 더 청중에게 흥미를 줄 수 있다.

이때 이미지나 동영상으로 흥미를 유발하는 것도 좋은 방법이다. 또는 새로운 퍼포먼스 가령, 간단한 마술이나 이벤트를 준비하는 것도 아주 신선한 방법이다.

'흥미'와 더불어서 중요한 부분은 '감동'이다.

프레젠테이션에서의 감동은 '이야기의 진정성'과 '적절한 디자인' 그리고 '발표자의 전달력'에 따라 좌우될 수 있다.

가령, 스티브 잡스의 프레젠테이션을 보면 심플한 디자인에 신제품에 대한 당위성과 발표자의 확신이 어우러져 감동을 준다. 우리가 프레젠테이션을 한다고 하면 보통은 자신만의 프레젠테이션을 하는 경우가 대부분이다.

그 이유는 딱딱한 제목에 지루한 내용 그리고 고루한 표현까지 더불어 잠을 자게 하는 프레젠테이션을 하기 때문이다.

자신의 프레젠테이션 방식을 다시 한 번 생각해 보라.

스스로가 어떻게 PPT 구성을 하고 있는지 정확한 핵심을 가지고 얘기하는지, 발표를 할 때 표정이나 화술, 제스처가 지루하지는 않은지 그러한 부분을 유심히 생각해 봐야 한다.

감동적인 프레젠테이션의 기본은 진정성이다. 진정성을 바탕으로 청중에게 자신의 이야기를 제대로 설득시키는 것이다.

청중을 설득시키는 것은 생각보다 쉽지가 않다. 그러므로 청중의 마음을 움직이려면 정확한 자료와 정보 외에도 발표자의 치열한 고민이 담겨있어야 하고, 그 고민을 해결하고자 하는 노력이 PPT에 고스란히 담겨있어야 한다.

이제는 프레젠테이션에 대한 청중의 눈높이가 많이 올라간 만큼, 누구나 예상할 수 있는 전개나 진부한 문구나 표현은 삼가고 청중의 흥미를 유발할 수 있고 설득을 할 수 있는 PPT와 프레젠테이션을 구상해야 한다.

프레젠테이션 내용을 가지고 심혈을 기울여 고민해 보아라. 진정성만큼 청중을 설득하는 것은 없다. 또한, 매력적인 PPT가 완성되었다면 마치 공연을 하듯이 반복적으로 거울이나 대상 앞에서 리허설을 해야 한다.

'진심과 노력'이야 말로 프레젠테이션을 성공적으로 이끄는 키워드이다.

7 강의

강의는 여러 분야에 그리고 다양한 형식으로 이뤄질 수 있다.
학교에서의 강의, 연단, 학원, 심포지엄 등 다양한 곳에서 다양한 방법으로 진행된다. 또한, 전달 방식에 따라 감화를 주는 강의, 실천을 위한 강의, 실용적인 강의로 나눌 수 있다.

그렇다면 강의를 잘한다는 것은 무엇일까?

예컨대, 우리가 뮤지컬이나 전시회를 보고 "공연 참 재밌다." 또는 "전시회가 정말 괜찮았다."라고 얘기할 때는 공연이 재밌으면서 감동적일 때이다.

강의도 마찬가지다.

지루한 연사의 강의를 듣는 것만큼 고역도 없다.

1. 핵심을 분명하게 전달(행복, 리더십)
2. 감동을 줄 수 있는 말과 표현(어휘력, 에피소드)
3. 청중을 설득하는 비언어(감정, 화법, 제스처)
4. 때로는 이성적, 때로는 감성적으로 침투

강의에 있어서 중요한 부분은 '인상적인 주제', '감동적인 내용', '재미 있는 진행'이다.

주제는 말 그대로 참신하고 인상적이며 청중의 이목을 끌 수 있는 내용 이어야 한다.

가령 '혐오와 갈등'이라는 주제를 갖고 강의를 한다면, '혐오와 갈등은 어디에서 오는가?', '우리는 혐오를 혐오한다.' 등 청중의 이목을 끌 수 있는 인상적인 주제와 소재가 좋다.

그리고 강의의 구성을 어떻게 이끌지 '스토리텔링'을 구성해야 한다. 강의의 뼈대가 튼튼하지 않으면 청중을 산만하게 만들 수밖에 없다. 그렇 기 때문에 강사는 어떠한 주제를 정한다면, 그 주제에 맞게 에피소드 식 으로 이야기를 구성할지, 아니면 논리적으로 얘기를 풀어갈지, 또는 사실 적 근거로서 얘기를 이어나갈지를 치밀하게 계산하고 고민해야 한다.

또한, 구성은 강의의 주제와 청중에 따라서 달라져야 한다. 좋은 지휘자 는 오케스트라를 지휘하듯 음악에 따라 자유자재로 지휘해야 하듯이 좋 은 강사 역시 주제와 청중에 따라 자유자재의 강연을 해야 한다.

가령, '한국의 위기'를 주제로 삼을 때는 재미보다는 사실적 근거로서 얘기를 풀어가는 것이 좋을 것이고, '즐겁게 사는 방법'을 주제로 얘기 할 때는 에피소드나 재미 위주의 강연을 하는 것이 더 어울린다.

감동은 '어휘력'과 연관되어 있다.

어떤 내용을 어떠한 어휘와 표현으로 전달하는가에 따라서 억지감동이 될 수도 있고 잔잔한 감동을 선사할 수도 있다.

'현인처럼 생각하고 범인처럼 말하라'라는 말이 있다.
좋은 강사는 절대 말을 어렵게 하지 않는다. '인생은 가까이서 보면 비극이지만 멀리서 보면 희극이다.'라는 찰리 채플린의 명언이 있다. 저 구절 하나에 인생의 시점과 의미가 담겨 있다. 좋은 명언이나 글이 누구나 공감할 수 있는 경험과 지혜에서 비롯되듯이 강의의 어휘나 표현 역시 그래야 한다. 그리고 그 사이사이에 촌철살인과 같이 청중의 맘을 후벼 팔 수 있는 내용이 은연중에 들어가는 것이 좋다.

"여러분의 궁극적인 목표는 무엇인가요? 사실 우리가 목표로 하는 돈, 명예, 성공, 건강의 공통점이 있습니다. 쉽게 말해 저 말을 아우르는 한 단어는 '행복'입니다. 왜냐하면, 우리가 궁극적으로 추구하는 행복을 위해서 돈을 벌고 명예를 얻고 성공을 꿈꾸기 때문이죠. 그런데 왜 우리는 사는 게 힘들까요? 행복을 추구하는데 왜 삶이 고단할까요? 왜냐하면, 행복이 목적이 되는 삶이 아니라 돈, 명예, 성공과 같은 행복을 위한 수단이 목표가 되기 때문이에요."라는 자연스러운 말로 공감대를 형성하는 것이 중요하다.

이것을 "여러분 지금 하늘이 무너져도 솟아날 구멍이 있습니다. 쥐구멍에도 볕들날이 있습니다. 그러니 우리가 현재 일희일비, 노심초사, 전전

긍긍할 필요는 없습니다."라는 성어와 속담으로 내용을 얼룩지게 한다면 오히려 부담스러운 억지감동을 짜낼 수도 있다.

또한 감동적이고 재미있는 강의를 위해서는 자신만의 에피소드를 계발해야 한다.

1. 나만의 에피소드
2. 다른 사람의 에피소드
3. 책이나 인용에서 얻은 에피소드
4. 적재적소의 에피소드 활용

그것이 나만의 것이든 다른 사람의 것이나 책에서 얻은 것이든 간에 공감이 가는 에피소드이어야 한다. 강의를 잘한다는 것은 청중이 원하는 가려운 부분을 정확히 긁어주는 것이다. 그런 의미에서 청중과 대상에 따라 적재적소의 공감이 가는 에피소드를 가지고 얘기하는 것이 얼마나 중요한지는 아무리 강조해도 지나치지가 않다.

예전에, 공무원들을 대상으로 강의를 한 적이 있는데, 일반적인 직장에서의 호칭은 필자도 직장생활을 해봤기 때문에 별다른 어려움이 없었지만, 공무원 사회는 필자 역시 생소했기 때문에 그들 문화를 백 프로 이해하지 못해서 에피소드를 얘기하는 데 애를 먹었던 적이 있었다.

청중을 제대로 이해하지 못한 강의, 청중의 공감을 얻지 못하는 강의는 실패한 강의라고 말할 수 있다. 그런 면에서 공감을 얻을 수 있는 에피소드는 수많은 시행착오와 경험을 통해서만 가질 수 있는 것이다.
그렇다면 참신하고 재미있는 강의방법은 어떤 것일까?

청중들이 지루하지 않고 강사에게 집중하게 할 수 있는 비밀은 바로 '리듬과 템포'이다.

이 '리듬과 템포'라는 것은 포괄적인 의미이긴 하지만, 말의 억양, 높낮이, 침묵, 빠름과 느림 등을 총체적으로 지칭하는 것이다.

이것은 타고난 것도 있지만 연습을 통해서 체득될 수 있다.

흔히 교장 선생님의 말씀이 지루하다고 느끼는 것은 바로 이 '리듬과 템포'가 빠져 있기 때문이다.

예컨대, "예전에는 고진감래라는 말이 있었지만 그로 인해 삶의 질은 떨어질 수 있기 때문에 요새는 감진감래라는 말이 더 적합합니다." 라는 말을 할 때, 이것을 절대 일률적으로 얘기하면 안 되는 것이다.

강의는 음악과 같아야 한다. 가령, '사계'의 음악을 예로 들면, 봄, 여름, 가을, 겨울의 총 4악장으로 이뤄져 있는데, 각 악장마다 음계와 템포가 모두 다르다.

그 다름은 이 4계절의 특징과 묘미를 잘 표현할 수 있는 원동력이다.

말도 마찬가지다. '높낮이'와 '빠름과 느림의 미학'을 살린다면 충분히 인상적인 강의를 할 수 있다.

또 다른 예로 영화 '타짜'와 '해적'에 나오는 유해진이나 '건축학개론'의 조정석을 들 수 있다. 특히, 건축학개론에서 조정석이 맡은 '납득이'라는 캐릭터가 나오는데, 바로 '리듬과 템포'의 미학을 너무나도 잘 살린 캐릭터라고 볼 수 있다.

거기에 나오는 대사 중에, "윤서연, 윤서연. 이름 괜찮네. 획수 괜찮고... 일단 소주 한 병을 사. 그리고 걔네 집에 딱 가는 거야." 이런 내용이 있다. 여기서 '딱'이라는 부분에서 포즈를 사용한다.

그리고 앞부분에서는 말을 천천히 하다가 갑자기 빨리 말을 한다. 그러다가 갑자기 말을 멈춰서 집중을 받은 다음 '딱'을 끊어서 얘기한다.

바로 이 부분이 '리듬과 템포'의 미학을 가장 제대로 살린 부분이다.
관객들은 한참 웃죠. 말이 웃겨서가 아니라, 그 말의 리듬과 템포가 재미를 주기 때문이다.

강의도 마찬가지다.

아무리 내용이 좋더라도 그 방법이 지루하거나 재미가 없으면, 보는 사람들은 어떤 내용을 얘기해도 집중을 하지 않는다. 말을 빨리했다가 천천히 그리고 멈추기도 하고 억양을 실어 올리기도 했다가 내리기도 하고, 마치 음악처럼 연습을 하다보면, 자신이 하고 싶은 대로 청중을 끌고 가는 강의를 할 수 있게 된다.

좋은 강사가 되려면 강의주제의 선정과 에피소드 그리고 강의진행 방법 등 모든 부분에 있어서 치열한 연습을 해야 한다.

훌륭한 상담원처럼 청중의 마음을 얻을 수 있고 오케스트라의 지휘자처럼 청중을 쥐락펴락할 수 있는 강의, 비언어를 활용해 청중의 오감을 얻을 수 있는 강의를 하는 사람이 바로 좋은 강사이다.

1. SNA 온라인강의 특징

STEP 1
- PPT를 통해 **교육생의 이해를 돕는** 세심한 강의

STEP 2
- 강사위주의 일방적 강의가 아닌 교육생 중심의 1:1 소통 강의

STEP 3
- 연기와 스피치의 기초부터 실전에 이르기까지의 체계적 교육과정

STEP 4
- 최적화된 온라인 교육환경 (HD시스템, 스마트 폰 지원)

2. SNA 오프라인 교육특징

연기교육
- 입시생, 오디션, 기획사
- 소속배우 1:1레슨

스피치교육
- 자신감, 발음교정, 면접, 프레젠테이션
- 선거, 논술, 스피치 1:1레슨

특강교육
- 연기-화술, 제스처, 감정, 면접, 합격비법
- 스피치-보이스코칭 면접, 프레젠테이션

기업체강의
- 연기-실전연기 연기심리치료
- 스피치-실전면접 실전프레젠테이션 소통방법, 설득기술

대화나 발표에서 사람의 마음을 움직일 수 있는
최고의 무기는 '감성'이다.

대화나 발표를 할 때 전달하는데 있어 어색한 사람이 많다.
감정을 전달한다는 것은 화술, 제스처, 시선, 목소리 등으로
청중에게 PPT의 설득력을 높이는 것인데 그러한 점이 부족하고
어색하다 보니 마음을 움직일 수 없다.

그렇기 때문에 감정을 제대로 알고 표현하는 것이 발표와
대화가 중요한 현대사회일수록 더욱 요구되는 것이다.

이 책은 말을 잘 할 수 있는 실질적인 방법을 제시한다.
시선, 목소리, 화술, 제스처 등의 비언어를 활용해서
자기소개, 면접, 프레젠테이션, 소통, 강의, 사회, 회의 등
감성을 움직일 수 있는 스피치에 관한 모든 방법을 제시한다.

SNA연기스피치

대표 : 김규현
주소 : 서울시 강남구 개포동 1196-7
Tel : 070) 8274-3225
홈페이지 : www.esna.co.kr
페이스북 : https://www.facebook.com/sna4225
이메일 : kkhyun1004@hanmail.net
블로그 : http://blog.naver.com/cello4225